utb 3879

W0401497

Eine Arbeitsgemeinschaft der Verlage

Böhlau Verlag · Wien · Köln · Weimar
Verlag Barbara Budrich · Opladen · Toronto
facultas · Wien
Wilhelm Fink · Paderborn
A. Francke Verlag · Tübingen
Haupt Verlag · Bern
Verlag Julius Klinkhardt · Bad Heilbrunn
Mohr Siebeck · Tübingen
Nomos Verlagsgesellschaft · Baden-Baden
Ernst Reinhardt Verlag · München · Basel
Ferdinand Schöningh · Paderborn
Eugen Ulmer Verlag · Stuttgart
UVK Verlagsgesellschaft · Konstanz, mit UVK/Lucius · München
Vandenhoeck & Ruprecht · Göttingen · Bristol
Waxmann · Münster · New York

Rolf Jox

Neue Fälle zum Familien- und Jugendrecht

15 Klausuren mit Lösungen für Studierende der Sozialen Arbeit, Bildung und Erziehung im Kindesalter und Suchthilfe

2., überarbeitete und aktualisierte Auflage

Verlag Barbara Budrich
Opladen & Toronto 2016

Der Autor:
Prof. Dr. jur. Rolf Jox,
KatHO NRW, Abt. Köln, Professor für Recht, Lehrorte:
Köln und – im Rahmen des Masterstudiengangs
Suchthilfe der KatHO NRW – München und Berlin

Bibliografische Information der Deutschen Nationalbibliothek
Die Deutsche Nationalbibliothek verzeichnet diese Publikation in der Deutschen Nationalbibliografie; detaillierte bibliografische Daten sind im Internet über http://dnb.d-nb.de abrufbar.

Gedruckt auf säurefreiem und alterungsbeständigem Papier.

www.budrich-verlag.de

utb-Bandnr. 3879
utb-ISBN 978-3-8252-4704-1

Satz: Beate Glaubitz Redaktion und Satz, Opladen
Umschlaggestaltung: Atelier Reichert, Stuttgart
Druck: Friedrich Pustet, Regensburg
Printed in Germany

Vorwort

Die Tatsache, dass das Werk zwischenzeitlich vergriffen ist, macht diese Neuauflage erforderlich. Seit dem Erscheinen im Jahr 2013 hat es zwei für das Werk relevante Gesetzesänderungen gegeben: Zum einen wurde durch das Gesetz zur Stärkung der Rechte des leiblichen, nicht rechtlichen Vaters vom 4.7.2013 (BGBl. I, 2176) in § 1686a BGB ein Umgangsrecht des leiblichen, nicht rechtlichen Vaters eingeführt. Zum anderen erfolgte durch das Gesetz zur Förderung von Kindern unter drei Jahren in Tageseinrichtungen und in Kindertagespflege (Kinderförderungsgesetz–KiföG) vom 10.12.2008 (BGBl. I, 2408) eine Änderung bei § 24 SGB VIII. Diese Änderungen sind berücksichtigt; das Buch wurde insgesamt überarbeitet und aktualisiert.

Gesetzesstand des Werkes ist der 30.6.2016. Für Hinweise und Anregungen bin ich stets dankbar.

Köln, im Juli 2016, Prof. Dr. Rolf L. Jox

Inhaltsverzeichnis

Abkürzungsverzeichnis

AG-KJHG	Ausführungsgesetz zum Kinder- und Jugendhilfegesetz
Alt.	Alternative
Art.	Artikel
BGB	Bürgerliches Gesetzbuch
BGH	Bundesgerichtshof
BR-Drs.	Bundesratsdrucksache
BT-Drs.	Bundestagsdrucksache
BtMG	Betäubungsmittelgesetz
BVerwG	Bundesverwaltungsgericht
DNA	Deoxyribonucleic acid
FamFG	Gesetz über das Verfahren in Familiensachen und in den Angelegenheiten der freiwilligen Gerichtsbarkeit
ggf.	gegebenenfalls
HzE	Hilfe zur Erziehung
FamRZ	Zeitschrift für das gesamte Familienrecht
i.V.m.	in Verbindung mit
KG	Kammergericht
KiBiz	Gesetz zur frühen Bildung und Förderung von Kindern (Kinderbildungsgesetz – KiBiz)
Kita	Kindertagesstätte
m.w.N.	mit weiteren Nachweisen
mdj.	minderjährig (e, er)
NJW	Neue juristische Wochenschrift
PKW	Personenkraftwagen
PSB	Personensorgeberechtigter (e)
Rn.	Randnummer
SGB	Sozialgesetzbuch
städt.	städtisch
StGB	Strafgesetzbuch
StPO	Strafprozessordnung
ZfJ	Zentralblatt für Jugendrecht
ZPO	Zivilprozessordnung

1. Einführung

1.1 Allgemeines

Mit dem hier vorgelegten Werk lege ich ein weiteres Fallbuch vor, welches Studierenden die konkrete Vorbereitung auf Klausuren mit rechtlichen Inhalten erleichtern soll. Hinsichtlich der Unterscheidung Lehrbuch – Fallbuch verweise ich zur Vermeidung unnötiger Wiederholungen auf meine Ausführungen in meinem ersten Fallbuch[1]; die Lektüre dieses Buches, das Üben der Fälle setzt auch hier das nötige Grundwissen über die Inhalte der hier angesprochenen Rechtsbereiche voraus, welches Studierende mittels Lehrveranstaltungen oder durch Literaturstudium vorher erworben haben müssen.

Bereits in meinem ersten Fallbuch habe ich für den Bereich der sozialen Arbeit im Einzelnen dargelegt[2], dass die Einführung der Bachelor- und Masterstudiengänge im Rahmen des Bologna-Prozesses nicht dazu geführt hat, dass die nunmehr vorhandenen zahlreichen Studiengänge zu den verschiedenen Inhalten zu inhaltlich gleichen Studiengängen geführt hätten. Festzustellen ist vielmehr nach wie vor eine „bunte“ Landschaft von diversifizierten Studiengängen, wo es mitunter schwer fällt, Vergleiche herzustellen. Dies betrifft nicht nur die Studiengänge als solche, sondern auch die Inhalte der einzelnen Fächer wie auch das Fach Rechtswissenschaft. Rechtliche Inhalte sind teilweise in eigenen Modulen erfasst, teilweise aber auch über mehrere Module verstreut, der Umfang der Inhalte fällt ebenfalls sehr unterschiedlich aus.

Diese Vielfalt hat zwangsläufig auch Auswirkungen auf die Prüfungen, d.h. Prüfungsformen und Prüfungsinhalte. Eine internetbasierte Recherche, deren Darstellung in den Einzelheiten den Inhalt dieses Fallbuches sprengen würde, hat ergeben, dass nicht in allen Studiengängen Kenntnisse über rechtliche Inhalte mittels der Prüfungsform „Klausur“ festgestellt werden, dass man jedoch noch nach wie vor eine deutliche Mehrheit von Studiengängen feststellen kann, in denen

1 Vgl. Jox, Fälle zum Familien- und Jugendrecht, S. 13.

2 Vgl. Jox, Fälle zum Familien- und Jugendrecht, S. 15 ff.

rechtliche Inhalte mit dieser Prüfungsform geprüft werden. Schaut man sich die Prüfungsform Klausur in den einzelnen Studiengängen genauer an, so stellt man fest, dass die Länge und die Inhalte der einzelnen Klausuren erheblich voneinander abweichen: es werden z.B. 40, 45, 60, 120 sowie 180-minütige Klausuren gestellt. Wie ich bereits in meinem ersten Fallbuch erläutert habe, ist es daher unmöglich, einheitliche Klausuren für alle hier berücksichtigte Studiengänge zu entwerfen.

Gleichwohl sind die hier entworfenen Klausuren für jeden übenden Studierenden[3] verwendbar, wenn er sich vorher vergewissert, welcher zeitliche Rahmen für die jeweilige Klausur vorgesehen ist.

1.2 Inhalte und Struktur der hier vorgelegten Klausuren

Enthielt mein erstes Fallbuch ausschließlich Fälle für die Bachelorstudiengänge der Sozialen Arbeit, bezieht dieses Werk ganz bewusst zwei weitere Studiengänge des Sozialwesens mit ein, in denen ich seit Jahren rechtliche Inhalte lehre und bei denen Studierende ebenfalls nach einer entsprechenden Hilfe zur Klausurvorbereitung verlangt haben: die Bachelorstudiengänge Bildung und Erziehung im Kindesalter sowie die Masterstudiengänge Suchthilfe. Während es mittlerweile mehrere Hochschulen in Deutschland gibt, die Bachelorstudiengänge im Bereich Bildung und Erziehung im Kindesalter anbieten, wird ein Masterstudiengang Suchthilfe bisher lediglich von der KatHO NRW an drei Standorten (Köln, München und Berlin) angeboten.

Die Inhalte der Fälle orientieren sich demzufolge an den spezifischen Inhalten im Fach Recht, die in diesen Studiengängen Lehrinhalte sind. Während der Schwerpunkt der Klausuren im Bereich der Bachelorstudiengänge Soziale Arbeit schwerpunktmäßig Kerninhalte des Familien- und Jugendrechts betreffen, sind in den beiden anderen Gebieten ebenfalls Nebengebiete Gegenstand von Lehre und Prüfung. Im Bereich Bildung- und Erziehung im Kindesalter sind vor allem Fragestellungen in Bezug auf spezifische Regelungen zu Kindertagestätten, die landesrechtlich unterschiedlich ausfallen, Gegenstand der Fälle. Im Bereich Suchthilfe sind vor allem suchtrelevante Fallkonstellationen Gegenstand der Prüfung in den Kerngebieten Familien- und Jugendrecht. Hinzu kommen spezifische Fragen des Strafrechts, insbesondere des Betäubungsmittelstrafrechts, sowie der Schweigepflicht.

---

3 Hinweis: personale Bezeichnungen (Studierender, Leser, Bearbeiter, Sozialarbeiter u.ä.) sind unabhängig von der männlichen oder weiblichen Ausdrucksform stets geschlechtsneutral gemeint.

Zu den Inhalten der Klausuren in den Bereichen Bildung und Erziehung im Kindesalter und Suchthilfe möchte ich gleichwohl anmerken, dass diese Studiengänge solche des Sozialwesens sind und insofern dort angesprochenen Probleme aus den Bereichen Familien- und Jugendrecht ebenfalls (teilweise) Klausurfälle im Bereich der Studiengänge der Sozialen Arbeit sein könnten und insofern von Studierenden der Sozialen Arbeit ebenfalls zur Übung verwendet werden können. Entsprechendes gilt für die Teile der Klausuren im Bereich Soziale Arbeit (Fälle in den Bereichen Familien- und Jugendrecht mit Kita bzw. Suchtbezug), die auch von den Studierenden der anderen Studiengänge zum Üben benutzt werden können.

Entsprechend den Anforderungen in den jeweiligen Studiengängen lege ich anders als beim ersten Fallbuch dieses Mal Klausuren vor, die für unterschiedliche Bearbeitungszeiten konzipiert sind und zwar:

7	Klausuren für Studiengänge der Sozialen Arbeit	75 Minuten
4	Klausuren für Studiengänge im Bereich Bildung und Erziehung im Kindesalter	45 Minuten
4	Klausuren für Studiengänge im Bereich der Suchthilfe	60 Minuten

Studierende, die sich auf Klausuren vorbereiten, die für abweichende Bearbeitungszeiten vorgesehen sind, können diese Fälle auch zur Übung benutzen; sie müssen sich lediglich darüber klar werden, dass sie – im Verhältnis zu ihrer eigenen Klausur – mehr oder weniger Zeit für die Bearbeitung zur Verfügung haben.

Die[4] Klausuren sind so gestellt, dass sie „jederzeit" gelöst werden können; maßgebender Zeitpunkt für die Falllösung ist der jeweilige Zeitpunkt der Bearbeitung. Da Klausurbearbeiter – im Gegensatz zur Situation in der Praxis – nicht in der Lage sind, während der Fallbearbeitung noch (vermeintlich) offene Fragen aufzuklären, enthalten die Klausuren einen Bearbeiterhinweis, nach dem davon auszugehen ist, dass alle Angaben im Sachverhalt zutreffen und etwaige weitere Ermittlungen keine neuen Erkenntnisse ergeben. Auch sollen die Antworten an Hand der einschlägigen Vorschriften begründet werden. Manchmal wird auch im Fall zur Verdeutlichung noch eigens darauf hingewiesen, dass eine betreffende Tatsache „zutreffend" ist.

Im Bereich der ausformulierten Lösungen sind in den Fußnoten Quellenangaben enthalten. Sie sollen den Bearbeitern ermöglichen, Problemstellungen zu vertiefen. Bezug genommen wird im Wesentlichen auf Kommentare und Lehrbücher, die im Regelfall weitere Hinweise auf ergänzende Literatur enthalten. Ent-

4 Die folgenden zwei Absätze sind entnommen aus Jox, Fälle zum Familien- und Jugendrecht, S. 18 f.

scheidungen der Gerichte sind mit Aktenzeichen angegeben, so dass diese in vielen Fällen im Internet von den Servern der Gerichte[5] heruntergeladen werden können.

5 Z.B.: Entscheidungen des Bundesverfassungsgerichts: www.bundesverfassungsgericht.de; des Bundesgerichtshofs: www.bundesgerichtshof.de; des Bundesverwaltungsgerichts: www.bundesverwaltungsgericht.de.

2. Hinweise zur Lösung der Klausurfälle[6]

2.1 Subsumtionstechnik

Fragt man nun nach einem Erfolgsrezept für das Verfassen von Lösungen der Klausurfälle, ist vor allem zu empfehlen, die von Juristen verwendete Subsumtionstechnik zu erlernen und in der praktischen Umsetzung anzuwenden. Ob jemand nach dieser praktischen Methode und Denkart seine Ausführungen verfasst hat, erkennt man sehr schnell und oft ist – hat z.B. in der (späteren) Praxis der Berichtende diese Technik angewendet – dies der erste Schlüssel zum Erfolg; man ist als jemand identifiziert, der etwas von seinem Fach versteht, der „offensichtlich fachkundig“ ist.

Was versteht man nun unter der Subsumtionstechnik? Es ist eine Methode des Denkens und der Bearbeitung in 4 Schritten, die es im Regelfall ermöglicht, sich auf die wesentlichen, für die Fallbearbeitung zwingend erforderlichen Punkte zu konzentrieren und die gestellte Aufgabe einer sachgerechten Lösung zuzuführen. Wendet man dieses Schema konsequent an, so ist man im Normalfall davor geschützt, dass neben der Lösung liegende Aspekte oder sogar falsche Aspekte erörtert werden. Das Subsumtionsschema eröffnet die Chance, dass man stringent, ohne überflüssige Schnörkel zu einer fachgerechten Lösung gelangt.

2.1.1 Grundaufbau der Subsumtionstechnik

Zunächst sollen der Grundaufbau und in einem zweiten Schritt Abweichungen von diesem Grundschema erörtert werden.

Die Subsumtionstechnik umfasst 4 Stufen, daher nenne ich es auch „1 2 3 4 Schema“:

1) Suche nach einer Norm (Rechtsgrundlage, Anspruchsgrundlage), die geeignet ist, die (in einer Klausur oder später in der Praxis) gestellte (Fall-)Frage zu beantworten.

6 Das Kapitel 2 ist entnommen bzw. im Abschnitt 2.2 dem hiesigen Werk angepasst aus Jox, Fälle zum Familien- und Jugendrecht, S. 19 ff.

2) Herausarbeiten der Voraussetzungen dieser Norm.
3) Prüfen der Voraussetzungen (in Bezug auf den gestellten Sachverhalt) (= Subsumtion).
4) Ergebnis (= Beantwortung der o.a. (Fall-)Frage).

Die vier Schritte bedeuten im Einzelnen:

1) Suche nach einer Norm (Rechtsgrundlage, Anspruchsgrundlage), die geeignet ist, die (in einer Klausur oder später in der Praxis) gestellte (Fall-)Frage zu beantworten.

Üblicherweise wird in der Praxis an den zuständigen Mitarbeiter eine konkrete Frage gestellt (z.B.: Hat Frau X einen Unterhaltsanspruch gegen ihren Ex-Mann oder muss das Kind aus der Familie herausgenommen werden? usw.). Genau dieselbe Situation soll in der Prüfungsform Klausur geprüft werden. Auch hier wird dem Bearbeiter eine konkrete Frage gestellt und die Hauptaufgabe besteht nun darin, diese Frage – und nur diese Frage[7] – zu beantworten.

Diese Frage kann auf dem direkten Weg und ohne Umwege und Verzettelungen nur beantwortet werden, wenn die Norm(en) aufgefunden werden, die geeignet sind, die (Fall-)Frage zu beantworten. Dabei ist konkret nach der *Rechtsfolge* in der Norm gefragt.

Wichtig ist in diesem Zusammenhang, dass erkannt wird, dass Normen häufig Voraussetzungen und Rechtsfolgen enthalten.

Beispiel:
§ 1602 Abs. 1 BGB lautet: „Unterhaltsberechtigt ist nur, wer außerstande ist, sich selbst zu unterhalten."
Voraussetzung ist, dass jemand außerstande ist, sich selbst zu unterhalten; Rechtsfolge ist, dass derjenige unterhaltsberechtigt ist.

Häufig kommt eine konkrete Norm aus einem Spezialgesetz[8] in Betracht; der Bearbeiter muss sich von Anfang an darüber vergewissern, ob die Norm auch tatsächlich geeignet ist, die (Fall-)Frage zu beantworten:

---

7 Dieser Hinweis mag als banal erscheinen, aber aus langjähriger Korrekturerfahrung kann ich berichten, dass es (leider) nicht selten vorkommt, dass Studierende nicht die ihnen gestellten Fragen beantworten, sondern – vielleicht auch interessante – Fragestellungen, die aber gerade nicht Gegenstand der Aufgabenstellung sind.

8 Wer die Lösung einer Fallfrage mit Normen des Grundgesetzes (z.B. Art. 1 – Schutz der Menschenwürde) beginnt, sollte sich im Regelfall fragen, ob nicht speziellere Normen in Frage kommen.

Beispiel:
Lautet etwa die Frage, ob im Falle der Trennung eines Ehepaares die Mutter des Kindes allein entscheiden kann, ob es in eine Katholische Kindertagesstätte gehen soll, wäre es fehlerhaft – und gerade nicht auf dem direkten Wege lösungsrelevant – mit der Prüfung des § 1626 Abs. 1 BGB, also der Frage zu beginnen, wem das Sorgerecht über das Kind zusteht. Die Norm, die geeignet ist, die Fallfrage zu beantworten; ist vielmehr § 1687 Abs. 1 Sätze 2, 3 BGB.

Hält man sich an diese Weisung (also die Norm zu suchen, welche geeignet ist, die (Fall-)Frage zu beantworten), so ist man normalerweise davor geschützt, eine „fehlerhafte Norm" zu prüfen. Ist der Bearbeiter sich nicht sicher, sollte er während der Prüfung einfach die unter 1. zu stellende Frage erneut stellen und spätestens unter 4. (beim Ergebnis) stellt sich heraus, ob die Norm richtig ausgesucht worden ist. Nur wenn das Ergebnis eine Antwort auf die (Fall-)Frage darstellt, ist die eingangs gewählte Norm auch zutreffend ausgewählt.

2) Herausarbeiten der Voraussetzungen

Der nächste Schritt kann ebenfalls als entscheidender Schritt auf dem Weg zu einer erfolgreichen Fallbearbeitung bezeichnet werden. Hat man die richtige Norm (s.o. unter 1) ausgewählt, besteht nun die Aufgabe darin, die Voraussetzungen der Norm sorgfältig herauszuarbeiten. Wer es hier schafft, exakt an der Norm zu arbeiten, erlangt einen weiteren Schlüssel zum Erfolg; denn wer die (geschriebenen wie ungeschriebenen) Voraussetzungen der Norm exakt herausarbeitet, befindet sich (weiterhin) auf dem optimalen Lösungsweg und ist davor bewahrt, Überflüssiges, neben der Sache Liegendes zu erörtern.

Als unproblematisch können die Voraussetzungen bezeichnet werden, die im Gesetzestext ausdrücklich benannt werden; diese können ohne weiteres abgeschrieben, d.h. in dieser Weise übernommen werden.

Beispiel:
§ 1601 lautet: „Verwandte in gerader Linie sind verpflichtet, einander Unterhalt zu gewähren."
Voraussetzung ist hier die Verwandtschaft in gerader Linie.

Insbesondere unbestimmte Rechtsbegriffe sind oft aus sich heraus nicht verständlich. Dies erfordert – und dies gehört auch zum „Herausarbeiten der Voraussetzungen" – dass diese Voraussetzungen näher definiert, erläutert werden müssen (um später unter 3. die Prüfung der Voraussetzungen auf den Sachverhalt vornehmen zu können).

Beispiel:
§ 1666 Abs. 1 BGB lautet: „Wird das körperliche, geistige oder seelische Wohl des Kindes oder sein Vermögen gefährdet und sind die Eltern nicht gewillt oder nicht in der Lage, die Gefahr abzuwenden, so hat das Familiengericht die Maßnahmen zu treffen, die zur Abwendung der Gefahr erforderlich sind."

Hier ist erste Voraussetzung „eine Gefährdung des körperlichen, geistigen oder seelischen Wohls des Kindes". Der Begriff des „körperlichen, geistigen oder seelischen Wohls des Kindes" ist nicht aus sich heraus verständlich und muss im Hinblick auf mögliche, im Sachverhalt gegebene Hinweise weiter ausdifferenziert, d.h. definiert werden. Diese Erläuterungen/Definitionen sollten vorher studiert worden sein. Ist dem Bearbeiter die konkrete Erläuterung/Definition unbekannt, muss er aus dem Wortlaut, der Kenntnis von Gesetzesentstehung und vor allem Sinn und Zweck der Norm die Erläuterung formulieren.

Schwierigkeiten machen mitunter auch die Voraussetzungen, die im Gesetzestext gar nicht oder nur indirekt erwähnt werden.

Beispiel:
§ 27 Abs. 1 SGB VIII lautet: „Ein Personensorgeberechtigter hat bei der Erziehung eines Kindes oder eines Jugendlichen Anspruch auf Hilfe (Hilfe zur Erziehung), wenn eine dem Wohl des Kindes oder des Jugendlichen entsprechende Erziehung nicht gewährleistet ist und die Hilfe für seine Entwicklung geeignet und notwendig ist."

In dieser Vorschrift ist von einem „Anspruch auf Hilfe" die Rede. Nicht erwähnt wird, dass nach einer – auch hier vertretenen – Meinung[9] in Rechtsprechung und Literatur die Gewährung von Hilfe zur Erziehung einen *Antrag* der Personensorgeberechtigen voraussetzt. Die Tatsache, dass dieses Erfordernis zwar nicht ausdrücklich in der Vorschrift enthalten, jedoch als Voraussetzung herauszuarbeiten ist, muss im Rahmen des Studierens der Inhalte der Vorschriften erlernt werden. An dieser Stelle zeigt sich sehr deutlich, dass man um das Studium der Inhalte der einzelnen Rechtsgebiete nicht herumkommt: vor der Falllösung ist eine Befassung mit den Inhalten der anwendbaren Vorschriften unerlässlich.

Ferner ist darauf hinzuweisen, dass sich die Reihenfolge der Voraussetzungen häufig direkt aus der Formulierung der Normen bzw. inhaltlichen Zusammenhängen ergibt, die ebenfalls studiert werden müssen. Hält man die anerkannte Reihenfolge der Voraussetzung ein, erhält man zwangsläufig eine Gliederung, die den Bearbeiter durch die gesamte Fallbearbeitung führt und ihn insbesondere davor bewahrt, vom korrekten und direkten Lösungsweg abzuweichen.

3) Prüfen der Voraussetzungen (in Bezug auf den gestellten Sachverhalt)

Hat man die Voraussetzungen (s. 2.) korrekt herausgearbeitet; betrifft die nächste Aufgabe nun das Überprüfen der Voraussetzungen auf den konkreten Sachverhalt.

---

9 Siehe unten Fußnote 17.

Beispiel:
§ 1592 BGB lautet:
„Vater eines Kindes ist der Mann,

1. der zum Zeitpunkt der Geburt mit der Mutter des Kindes verheiratet ist,
2. der die Vaterschaft anerkannt hat oder
3. dessen Vaterschaft nach § 1600d oder § 182 Abs. 1 des Gesetzes über das Verfahren in Familiensachen und in den Angelegenheiten der freiwilligen Gerichtsbarkeit gerichtlich festgestellt ist."

Prüfen der Voraussetzungen nun in Bezug auf den Sachverhalt bedeutet, dass der Bearbeiter nun konkret prüfen muss – wenn z.B. gefragt ist, ob Herr B der Vater von Kind A ist – ob Herr B nach § 1592 Nr. 1, 2 oder 3 BGB Vater des Kindes ist, also konkret z.B. ob er zum Zeitpunkt der Geburt mit der Mutter des Kindes verheiratet ist, § 1592 Nr. 1 BGB.

oder

anderes *Beispiel:*
§ 1685 Abs. 1 und 2 BGB lauten:

„(1) Großeltern und Geschwister haben ein Recht auf Umgang mit dem Kind, wenn dieser dem Wohl des Kindes dient.
(2) Gleiches gilt für enge Bezugspersonen des Kindes, wenn diese für das Kind tatsächliche Verantwortung tragen oder getragen haben (sozial-familiäre Beziehung). Eine Übernahme tatsächlicher Verantwortung ist in der Regel anzunehmen, wenn die Person mit dem Kind längere Zeit in häuslicher Gemeinschaft zusammengelebt hat."

Wenn nun in einem Sachverhalt ein Mann (d.h. der frühere Freund der Kindesmutter) 4 Monate mit (der Mutter und) dem Kind zusammengelebt hat (danach sich von beiden getrennt hat), muss der Bearbeiter in diesem Schritt klären, ob die Voraussetzung „enge Bezugsperson des Kindes" im Sachverhalt gegeben ist; konkret ob eine Übernahme tatsächlicher Verantwortung vielleicht anzunehmen ist, weil der Mann längere Zeit mit dem Kind in häuslicher Gemeinschaft zusammengelebt hat; noch konkreter, ob das Zusammenleben über 4 Monate als „Zusammenleben mit dem Kind in häuslicher Gemeinschaft über längere Zeit" anzusehen ist.

Auch hier ist der Bearbeiter davor geschützt, dass er überflüssige Prüfungen anstellt, denn die Voraussetzungen, die er nun bezogen auf den Sachverhalt überprüfen muss, ergeben sich ja *nur* aus den unter 2. Herausgearbeiteten.

4) Ergebnis (= Beantwortung der o.a. (Fall-)Frage)

Sind alle Voraussetzungen auf den Sachverhalt überprüft worden, stellt der 4. Punkt eigentlich keine Schwierigkeit mehr dar. Liegen die Voraussetzungen alle vor, d.h. kann die Anwendbarkeit der Norm bejaht werden, ist die (Fall-)Frage (=

Frage nach der Rechtsfolge der Norm) im Sinne der Norm zu beantworten. Liegen die Voraussetzungen (oder eine Voraussetzung), d.h. die zur positiven Anwendung der Norm nötigen Voraussetzungen nicht vor, ist die (Fall-)Frage negativ zu beantworten. Hier ist lediglich erforderlich, dass die gestellte Frage beantwortet wird.[10] Alle weiteren, vielleicht auch spannenden Hinweise und Ergänzungen in Bezug auf andere Sachverhalte sind zu unterlassen.

2.1.2 Subsumtionsschema in Sonderfällen

Das soeben dargestellte System stellt das Grundschema dar. Davon ist jedoch in einigen Fällen aus Gründen der Übersichtlichkeit/Verständlichkeit und Nachvollziehbarkeit der Falllösung abzuweichen.

a) Vorschrift mit vielen Voraussetzungen.

Sofern eine Vorschrift mit sehr vielen Voraussetzungen betroffen ist, macht es Sinn, nicht streng nach dem „1 2 3 4 Schema" vorzugehen, sondern zwischen Schritt 2 und 3 (ggf. mit Zwischenergebnissen 4) „hin und her zu springen":

Beispiel:
§ 823 Abs. 1 BGB lautet:
„Wer vorsätzlich oder fahrlässig das Leben, den Körper, die Gesundheit, die Freiheit, das Eigentum oder ein sonstiges Recht eines anderen widerrechtlich verletzt, ist dem anderen zum Ersatz des daraus entstehenden Schadens verpflichtet."

Voraussetzungen für den Schadensersatzanspruch sind demnach:

- Verletzung eines absoluten Rechts (Leben, Körper, Gesundheit, Freiheit, Eigentum oder ein sonstiges Recht)
- rechtswidrig
- schuldhaft
- Schaden

In einem solchen Falle erweist es sich im Regelfall als unglücklich, wenn Bearbeiter das Subsumtionsschema wie oben besprochen umsetzen, d.h. *alle* Voraussetzungen (= Schritt 2) zunächst benennen und dann *alle* Voraussetzungen prüfen (= Schritt 3). Sinnvoller – weil viel übersichtlicher und besser lesbar – erscheint vielmehr, zwischen Punkt 2 und 3 „hin- und her zu springen": Man sollte also zunächst z.B. die Verletzung des Eigentums erwähnen (Schritt 2), sie in Bezug auf den Sachverhalt überprüfen (Schritt 3), dann das Merkmal der Rechtswidrigkeit erwähnen (Schritt 2) und es im konkreten Sachverhalt zu prüfen (Schritt 3) usw. Bei umfangreicheren Prüfungen kann darüber hinaus die Zusammenfassung von Ergebnissen in einem Zwischenergebnis ratsam sein (Schritt 4, danach zurück zur nächsten Voraussetzung, Schritt 2).

---

10 Leider enden viele Bearbeitungen „ohne Ergebnis", d.h. der 4. Prüfungsschritt fehlt und das Ergebnis bleibt offen.

b) Vorschrift mit „Verweis auf andere Vorschrift“

Häufig kommt es auch vor, dass eine Voraussetzung in einer Vorschrift direkt oder indirekt auf eine andere Vorschrift verweist. In diesem Fall ist es nötig, im Rahmen dieser Norm schulmäßig im Sinne des „1 2 3 4 Schemas“ alle Schritte der anderen Vorschrift zu prüfen und dann wieder in das Prüfungsschema der 1. Regelung einzumünden.

Beispiel: § 1791c Abs. 1 Satz 1 BGB lautet:
„Mit der Geburt eines Kindes, dessen Eltern nicht miteinander verheiratet sind und das eines Vormunds bedarf, wird das Jugendamt Vormund, wenn das Kind seinen gewöhnlichen Aufenthalt im Geltungsbereich dieses Gesetzes hat; dies gilt nicht, wenn bereits vor der Geburt des Kindes ein Vormund bestellt ist.“

Diese Vorschrift enthält folgende Voraussetzungen:

- Geburt eines Kindes
- dessen Eltern nicht miteinander verheiratet sind
- das eines Vormundes bedarf
- das Kind hat seinen gewöhnlichen Aufenthalt im Geltungsbereich dieses Gesetzes
- vor der Geburt wurde ein Vormund bestellt.

Rechtsfolge: Das Jugendamt wird Vormund über das Kind.

Im Rahmen der 3. Voraussetzung ist zu prüfen, ob das Kind eines Vormundes bedarf. Beim Prüfen dieser Voraussetzung ist § 1773 Abs. 1 BGB mit den dortigen Voraussetzung im Sinne des „1 2 3 4 Schemas“ vollständig zu prüfen und erst nach positivem Abschluss der Prüfung kann die Untersuchung der übrigen Voraussetzungen der Vorschrift des § 1791c BGB fortgesetzt werden.

c) Alle Voraussetzungen herausarbeiten/prüfen, wenn eine Voraussetzung nicht gegeben ist?

Schließlich stellt sich die Frage, ob alle Voraussetzungen zu prüfen sind, wenn eine Voraussetzung offensichtlich[11] nicht gegeben ist. Darüber gibt es keine „gesetzliche Regelung“; entscheidend dürfte hier die Entscheidung eines verständigen Bearbeiters sein, ob er direkt auf die nicht gegebene Voraussetzung „springt“ oder die Norm „schulmäßig“ durchprüft.

Vielleicht lässt sich dies wie folgt erläutern:

Ist „offensichtlich“ (unzweifelhaft, keiner würde eine andere Meinung dazu vertreten) eine Voraussetzung nicht gegeben (was in der Juristerei sehr selten ist) (Beispiel: im Fall des § 1791c BGB hat das Kind seinen gewöhnlichen Aufenthalt nicht in Deutschland), sollte der Bearbeiter direkt auf diese Voraussetzung einge-

---

11 Vorsicht mit „offensichtlich nicht gegeben“: manchmal ist eine Voraussetzung doch und damit gerade *nicht* „offensichtlich nicht gegeben“.

hen[12] und kann nach Prüfung und Ablehnung dieser Voraussetzung unmittelbar zum Ergebnis der Gesamtprüfung gelangen.

Ist – was der häufigere Fall sein dürfte – eine Voraussetzung zweifelhaft, so sollte die Prüfung „schulmäßig“ erfolgen; d.h. die Vorschrift sollte auf dem „üblichem Weg“ mit dem geläufigen Aufbau geprüft werden. Dies führt dazu, dass alle Voraussetzungen, die vor der zweifelhaften Voraussetzung normalerweise zu untersuchen sind, geprüft werden müssen. Lehnt man dann die Vorschrift nach Prüfung der zweifelhaften Voraussetzung insgesamt ab, ändert dies nichts daran, dass die zuvor geprüften Voraussetzungen geprüft bleiben. Dieser Weg ist im Zweifel zu empfehlen, denn wenn die fragliche Voraussetzung – im Gegensatz zur Auffassung des Bearbeiters – *nicht* „offensichtlich nicht gegeben“ ist, fehlt u.U. die Prüfung mehrerer Voraussetzungen, welches sich negativ auf die Bewertung der Klausur auswirken könnte.

Schließlich sei darauf hingewiesen, dass bei mehreren Vorschriften, die gleichermaßen zum Ziel führen, alle diese Vorschriften geprüft werden müssen.

Beispiel:
Kommt ein Schadensersatzanspruch aus einer vertraglichen Anspruchsgrundlage (z.B. § 280 Abs. 1 BGB) und aus § 823 Abs. 1 BGB in Betracht, müssen beide Vorschriften geprüft werden, selbst wenn die Prüfung der ersten Vorschrift bereits zu einem positiven Ergebnis (= Schadensersatz) führt.

Als Begründung mag dienen, dass – sofern es bei einer Vorschrift Streit über die Anwendbarkeit gibt – die andere Bestimmung ebenfalls zum Ziel führt und der Streit unentschieden bleiben kann.

2.1.3 Schwer verzeihliche Fehler

Abschließend möchte ich stichpunktartig aus meiner Korrekturerfahrung einige Fehler benennen, die insofern „schwer verzeihlich sind“, als sie zu einer Abwertung der Bearbeitung führen können.

- Fehlerhafte Norm geprüft (also z.B. eine solche, die nicht geeignet ist, die (Fall-)Frage zu beantworten).
- Innerhalb der Normprüfung Voraussetzungen (Schritt 2) geprüft, die nicht zur Norm gehören.
- Einzelne Voraussetzungen vergessen.
- Beim Schritt 3 das Vorliegen von Voraussetzungen einfach bejaht und nicht wirklich geprüft.

---

12 In diesem Fall sind die übrigen Voraussetzungen nicht angesprochen worden und müssen auch nicht angesprochen werden, es sei denn, der Bearbeitervermerk am Ende des Klausurtextes fordert ausdrücklich die weitere Bearbeitung für diesen Fall in einem Hilfsgutachten.

- Bei Schritt 3 z.B. bei einem unbestimmten Rechtsbegriff nicht vertretbar argumentiert.
- Das Ergebnis (Schritt 4) nicht ausdrücklich benannt.
- Das Ergebnis passt nicht zur Frage und/oder Prüfung.
- Abwegige Prüfungen werden unternommen: z.B. fern liegende Vorschriften werden geprüft u.ä.
- Nicht gestellte Fragen werden geprüft und beantwortet.
- „Sachverhaltserweiterung", d.h. der Bearbeiter beruft sich zur Begründung auf (zusätzliche) Umstände/Tatsachen, die im Sachverhalt nicht berichtet sind (Gelöst wird im Grunde genommen ein anderer Fall).
- In der Lösung tauchen plötzlich „Unbekannte" auf (z.B. Markus, der im Klausurfall überhaupt nicht auftaucht). Hintergrund kann sein – und davon wird dringend abgeraten –, dass der Klausurbearbeiter komplette ausformulierte Lösungen früherer Fälle auswendig gelernt hat und unreflektiert in die Falllösung implementiert; höchst problematisch, denn „jeder Fall ist ein neuer Fall".

2.2 Konkrete Tipps zum Umgang mit den Klausuren

Zur effektiven Klausurvorbereitung möchte ich folgendes Vorgehen vorschlagen:

Die Studierenden sollten die Klausuren „als Ernstfall proben". Dies bedeutet, dass sie sich zunächst über die Rahmenbedingungen klar werden, die für diese Fälle gelten:[13]

Die Klausuren sind für die jeweils vorgesehene Bearbeitungszeit (45, 60 bzw. 75 Minuten) konzipiert, d.h. in dieser Zeit muss(üssen) der(ie) jeweilige(n) Fall(älle) verstanden werden, sollte ein Bearbeitungskonzept (in diesem Buch: Gliederung zur Klausurlösung X) erstellt und ein ausformuliertes Gutachten (hier: ausformulierte Lösung zur Klausur X) geschrieben werden.

Dies hat für eine optimale Klausurvorbereitung folgende Konsequenz: Der Bearbeiter sollte sich zunächst nur mit dem Klausurtext befassen und sich für die jeweilige Bearbeitungszeit (45, 60 bzw. 75 Minuten) Zeit nehmen (keine Zimmertür geht auf, kein Handy und keine weiteren ablenkenden Faktoren – wie in einer Klausur). Anschließend sollte er ca. 5–10 Minuten (bei 45 Minuten Bearbeitungszeit eher 5, bei 75 Minuten Bearbeitungszeit eher 10 Minuten) darauf verwenden, den(ie) Fall(älle) zu verstehen.

Bei Klausuraufsichten beobachte ich immer wieder, dass Studierende bereits unmittelbar nach Erhalt der Aufgabenstellung mit dem Schreiben der ausfor-

13 Vgl. bereits oben Seite 14 ff.

mulierten Lösung beginnen. Ich möchte behaupten, dass es nahezu unmöglich ist, den(ie) Fall(älle) in dieser kurzen Zeit zu verstehen und ein Lösungskonzept zu entwickeln, welches einen erfolgreichen Lösungsweg garantiert.

Weitere ca. 10–15 Minuten sollten nun für das Konzept (hier genannt: die Gliederung zur Klausurlösung X) verwendet werden. Ist diese Gliederung korrekt erstellt, steht einem sehr guten Klausurergebnis nichts im Wege: die Gliederung muss in der verbleibenden Zeit nur „ausformuliert" werden.

Ich habe die Gliederung bewußt in der Weise erstellt, wie sie in dieser Phase der Klausur erstellt werden sollte: stichwortartig, teilweise mit ganzen Sätzen u.ä. Da die Gliederung nicht mitbewertet wird, ist eine bestimmte Form nicht einzuhalten; sie stellt – gut bewältigt – eine hervorragende Hilfe zur Erstellung der „eigentlichen Klausurlösung" dar.

Anschließend verbleibt noch genügend Rest-Zeit, die Gliederung „auszufüllen", d.h. die vollständig ausformulierte Lösung zu entwerfen.

Nach Ablauf der jeweiligen Bearbeitungszeit (45, 60 oder 75 Minuten) kann dann die Lösung mit den hier vertretenen Lösungsvorschlägen verglichen werden und der Bearbeiter wird selbst evaluieren können, ob seine Lösung die wesentlichen Punkte enthält oder nicht.

Zu den hier vorgelegten Lösungen ist generell anzumerken, dass sie beanspruchen, eine gut vertretbare Lösung darzustellen. Bekanntermaßen gibt es aber „dort, wo zwei Juristen diskutieren, 5 Meinungen", welches bedeutet, dass – insbesondere bei unbestimmten Rechtsbegriffen mit vertretbarer Argumentation andere Meinungen und damit andere Lösungen vertreten werden können. Insofern sind die hier enthaltenen Lösungen nicht als einzig richtige Lösungen aufzufassen, die vom Bearbeiter „getroffen" werden müssen; entscheidend für die Bewertung ist die Frage, ob ordentlich, vertretbar und nicht fehlerhaft argumentiert wurde.

Die Klausuren sind nach dem Zufallsprinzip (also nicht geordnet nach thematischen Gesichtspunkten) abgedruckt. Insofern können die Studierenden über die Reihenfolge der Bearbeitung selbständig entscheiden.

Abschließend möchte ich anmerken, dass die Hinweise natürlich im Wesentlichen auch für den „Ernstfall" gelten. Im „Ernstfall" sollte man auf jeden Fall noch beachten, dass man nicht „bis zur letzten Minute für die Klausur lernt". Vielmehr sollte man Entspannung suchen, um dann fit zur Klausur zu erscheinen.

In diesem Sinne wünsche ich nun allen Klausurbearbeitern viel Spaß beim Üben der Klausuren und viel Erfolg in Bezug auf die im jeweiligen Studiengang zu absolvierenden Prüfungen.

3. Fünfzehn Klausuren und ihre Lösungen

3.1 Sieben Klausuren für Bachelorstudiengänge der Sozialen Arbeit (Bearbeitungszeit 75 Minuten)

Klausur 1: „Sophia und der Computer spielende Eric"

1. Lara und Jens heirateten vor 6 Jahren; Lara brachte aus einer früheren nichtehelichen Beziehung den 4-jährigen Eric mit in die Ehe. Nach heftigen Auseinandersetzungen trennten sich Lara und Jens vor 3 Jahren. Fünf Monate später lernte Lara Max kennen und zog mit ihm zusammen. Vor 2 1/2 Jahren wurde bei ihr eine Schwangerschaft festgestellt. Kurz darauf sprachen Lara und Max über das Thema „Vaterschaft in Bezug auf das werdende Kind", worauf Max Lara gegenüber erklärte: „Klar doch, ich bin der Vater und erkenne die Vaterschaft an." Vor 24 Monaten trat Max, der in der Vergangenheit schon häufig nicht unerheblich strafrechtlich in Erscheinung getreten war, eine 4-jährige Haftstrafe an. Wieder 3 Monate später kam die kleine Sophia zur Welt. In der Folgezeit hatte Lara keinerlei Kontakt mehr mit Jens, der von der Geburt von Sophia auch keine Kenntnis erhielt. Sie beantragte vor 1 1/2 Jahren die Scheidung und die Ehe zwischen Lara und Jens wurde 9 Monate später rechtskräftig geschieden. Vor zwei Monaten erfuhr Lara, dass Max voraussichtlich in 10 Monaten vorzeitig aus dem Strafvollzug entlassen werde. Darauf planen beide die Fortsetzung ihrer gemeinsamen Beziehung. Mit ihrer Freundin Regina, die Soziale Arbeit studiert, kommt sie über Sorgerechtsfragen ins Gespräch. Lara erklärt, sie habe bisher bezüglich Sophia alles alleine entscheiden können, weil sie ja das alleinige Sorgerecht habe. In Zukunft wolle Max aber, dass er als Kindsvater gleichberechtigt mit ihr „in der Verantwortung sei", und Lara fragt Regina, ob er dies erreichen könne. Nachdem Regina ihr erklärt hat, dass Lara zurzeit zusammen mit Jens das gemeinsame Sorgerecht innehat, stellt sich Regina nun die folgende Frage:

Wie könnte Max erreichen, dass ihm das Sorgerecht über Sophia gemeinsam mit Lara eingeräumt wird?

(Gehen Sie bei der Beantwortung dieser Frage davon aus, dass Max der biologische Vater von Sophia ist. Etwaige Anträge von Lara oder Jens sind nicht zu prüfen. Beschreiben Sie die nötigen einzelnen Schritte an Hand der relevanten Vorschriften. Ausführungen zu §§ 1741 ff. BGB – Annahme als Kind – sind nicht zu machen.)

2. Bei dem Gespräch mit Regina erzählt Lara beiläufig noch Folgendes:

Der heute 10-jährige Eric mache ihr erhebliche Probleme: seit einem halben Jahr spiele er „Tag und Nacht“ Computerspiele, mindestens 6 Stunden jeden Tag. Infolgedessen verhalte er sich ihr gegenüber seit einiger Zeit sehr aggressiv; einmal habe er sie schon geschlagen. Die Lehrerin in der Schule habe beim letzten Elternsprechtag bereits von massiven Konzentrationsschwächen, Unausgeschlafenheit und „rauem Verhalten“ von Eric gegenüber seinen Mitschülern berichtet. Sie – Lara – habe schon in einer Erziehungsberatungsstelle Hilfe gesucht und alles an „Erzieherischem“ versucht, jedoch ohne Erfolg. Sie schaffe es einfach nicht, Eric vom Computerspielen abzubringen. Im Übrigen müsse sie sich um Sophia kümmern. In einer Illustrierten habe sie gelesen, dass man in solchen Fällen einen Anspruch auf einen Erziehungsbeistand habe; den wolle sie nun beim Jugendamt beantragen. Regina fragt:

Hat Lara einen Anspruch auf Einsetzung eines Erziehungsbeistands?

(Hinweis: Begründen Sie Ihre Antworten an Hand der einschlägigen Vorschriften. Gehen Sie bitte davon aus, dass alle Angaben im Sachverhalt zutreffen, etwaige weitere Ermittlungen ergeben keine neuen Erkenntnisse.)

Gliederung zur Klausurlösung 1

Themengebiete: Einräumung des gemeinsamen Sorgerechts, Anspruch auf Hilfe zur Erziehung in Form eines Erziehungsbeistands

1. Wie könnte Max erreichen, dass ihm das Sorgerecht über Sophia (gemeinsam mit Lara) eingeräumt wird?

Einräumung des Sorgerechts (als gemeinsames Sorgerecht mit Lara) nach §§ 1626 Abs. 1, 1626a Abs. 1 BGB

- Bei der Geburt von Sophia: Max und Lara – nicht miteinander verheiratet.

- Lara und Max – Eltern? Lara – Mutter von Sophia, vgl. § 1591 BGB, Max – Vater?
  - Da Jens rechtlicher Vater von Sophia ist (§ 1592 Nr. 1 BGB – Jens war zum Zeitpunkt der Geburt von Sophia mit Lara verheiratet), Anfechtung der Vaterschaft nach §§ 1599 ff. BGB und gleichzeitige Feststellung der Vaterschaft von Max?
  - § 1600 Abs. 1 Nr. 2 BGB: Max könnte anfechtungsberechtigt sein, er kann an Eides statt versichern, dass er der Mutter des Kindes während der Empfängniszeit beigewohnt hat.
  - Keine sozial-familiäre Beziehung zwischen Sophia und Jens nach § 1600 Abs. 2, 4 BGB? (+), Regelfall des § 1600 Abs. 4 Satz 2 BGB (-), obwohl Jens mit Lara verheiratet war, besteht keine sozialfamiliäre Beziehung, denn Jens hat keine tatsächliche Verantwortung übernommen; Jens weiß gar nichts von der Geburt von Sophia.
  - Ist Max der leibliche Vater von Sophia? (+), er ist der biologische Vater.
  - Anfechtungsfrist: § 1600b Abs. 1, 2 BGB: (+) seit der Geburt von Sophia sind keine zwei Jahre vergangen.
  - Zwischenergebnis: Da Max der biologische Vater von Sophia ist, kann er die Vaterschaft nach §§ 1599 ff. BGB erfolgreich anfechten und als rechtlicher Vater festgestellt werden, vgl. §§ 169 ff., 182 FamFG.
- § 1626a Abs. 1 Nr. 1 oder 2 BGB: erforderlich ist ferner, dass beide die Sorgeerklärungen abgeben oder einander heiraten. Möglich ist ferner ein Antrag von Max auf Übertragung der gemeinsamen Sorge durch das Familiengericht gemäß § 1626a Abs. 1 Nr. 3, Abs. 2 BGB. Antrag erfolgversprechend, wenn die Übertragung dem Kindeswohl nicht widerspricht. § 1626a Abs. 2 Satz 2 BGB: Vermutung dafür, wenn der andere Elternteil keine entgegenstehende Gründe vorträgt und solche Gründe auch sonst nicht ersichtlich sind; (+) Anhaltspunkte, die dagegen sprechen würden (-). Strafhaft (-).

Ergebnis: Nach erfolgreicher Anfechtung der Vaterschaft und Vorliegen der weiteren Voraussetzungen des § 1626a BGB kann Max das Sorgerecht über Sophia (mit)eingeräumt werden.

2. Hat Lara einen Anspruch auf Einsetzung eines Erziehungsbeistands?

Anspruch aus §§ 27 Abs. 1, 2, 30 SGB VIII

- Antrag der Mutter (§ 1626a Abs. 3 BGB – allein Sorgeberechtigte)? (+), Lara will den Antrag auf Gewährung eines Erziehungsbeistandes und damit einer HzE stellen.
- Eine dem Wohl des Kindes oder Jugendlichen entsprechende Erziehung ist nicht gewährleistet.
  - Erziehungsdefizite, die nicht durch die Personensorgeberechtigten behoben werden?

- Hier: 6 Stunden tägliches Computerspielen sowie die Begleiterscheinungen (Aggressives Verhalten zu Hause und in der Schule, Unkonzentriertheit u.ä.) erfordern erzieherisches Handeln mit dem Ziel, den Computerspielkonsum auf ein vertretbares Maß zu reduzieren. Lara ist dazu nicht in der Lage, also Erziehungsdefizit (+).

- Die angestrebte Hilfe (Erziehungsbeistand) erscheint geeignet und notwendig?
  - Erziehungsbeistand nach § 30 SGB VIII – soll das Kind oder den Jugendlichen bei der Bewältigung von Erziehungsproblemen möglichst unter Einbeziehung des sozialen Umfelds unterstützen und unter Erhaltung des Lebensbezugs zur Familie seine Verselbständigung fördern. Die Problemsituation betrifft vor allem das Verhalten von Eric; die Familie (Lara) ist zur Mithilfe bereit. Von daher kommt diese Hilfe als geeignete und notwenige Hilfe in Betracht.
  - Mit Blick auf den Grundsatz der Verhältnismäßigkeit – intensivere Hilfeformen wie §§ 31 – 35 SGB VIII (-). Auch § 29 SGB VIII (-), da noch keine Probleme mit dem Verhalten in einer Gruppe. Lediglich eine Erziehungsberatung nach § 28 SGB VIII ausreichend (dann keine Notwendigkeit)? – (-), denn Lara hat schon vergeblich Hilfe in einer Erziehungsberatungsstelle gesucht, jedoch ohne Erfolg.

Ergebnis: Die Voraussetzungen für eine Hilfe zur Erziehung in Form eines Erziehungsbeistands nach §§ 27, 30 SGB VIII liegen vor; Anspruch (+).

Ausformulierte Lösung zur Klausur 1

1. *Wie könnte Max erreichen, dass ihm das Sorgerecht über Sophia (gemeinsam mit Lara) eingeräumt wird?*

Das gemeinsame Sorgerecht könnte Max nach §§ 1626 Abs. 1, 1626a Abs. 1 BGB eingeräumt werden. Max und Lara sind zum Zeitpunkt der Geburt von Sophia nicht miteinander verheiratet; Lara ist die Mutter von Sophia; zu prüfen ist, ob Max der (rechtliche) Vater von Sophia ist. Da zum Zeitpunkt der Geburt von Sophia Jens mit Lara verheiratet war, ist Jens nach § 1592 Nr. 1 BGB der Vater von Sophia.

Fraglich ist, ob Max die Vaterschaft von Jens nach §§ 1599 ff. BGB anfechten[14] könnte. Da Max der biologische Vater von Sophia ist, kann er gemäß § 1600 Abs. 1 Nr. 2 BGB an Eides statt versichern, der Mutter des Kindes während der Empfängniszeit beigewohnt zu haben. Zweifel an seiner Anfechtungsberechti-

14 Obwohl im Sachverhalt erwähnt wird, dass Max gegenüber Lara erklärte, „er erkenne die Vaterschaft an", wäre es fernliegend und unpassend, die rechtliche Vaterschaft von Max durch Anerkennung der Vaterschaft nach §§ 1594 ff. BGB zu prüfen. Denn die Anerkennung der Vaterschaft ist nicht „im privaten Gespräch" möglich, vgl. § 1597 BGB.

gung können sich aber aus § 1600 Abs. 2, 4 BGB ergeben. Max ist nur anfechtungsberechtigt, wenn zwischen dem Vater im Sinne von Abs. 1 Nr. 1 (d.h. Jens als dem zurzeit rechtlichen Vater nach § 1592 Nr. 1 BGB) und dem Kind (d.h. Sophia) keine sozial-familiäre Beziehung besteht. Eine sozial-familiäre Beziehung besteht gemäß § 1600 Abs. 4 Satz 1 BGB, wenn der Vater im Sinne von Abs. 1 Nr. 1 (d.h. Jens) zum maßgeblichen Zeitpunkt tatsächliche Verantwortung getragen hat. Die Übernahme tatsächlicher Verantwortung wird im Regelfall gemäß § 1600 Abs. 4 Satz 2 BGB angenommen, wenn der Vater im Sinne von Abs. 1 Nr. 1 mit der Mutter des Kindes verheiratet ist. Zwar war Jens mit Lara verheiratet, jedoch weiß Jens gar nichts von der Geburt und konnte sich daher gar nicht um Sophia kümmern. Insofern hat er bisher keinerlei Verantwortung für Sophia getragen, der Regelfall des § 1600 Abs. 4 Satz 2 BGB liegt nicht vor. Eine sozialfamiliäre Beziehung zwischen Sophia und ihm besteht daher nicht.

Max ist ferner der biologische[15] und damit gemäß § 1600 Abs. 2 BGB der leibliche Vater von Sophia.

Da Sophia vor 21 Monaten geboren wurde, sind seit ihrer Geburt noch keine zwei Jahre vergangen und die Anfechtung kann innerhalb der Anfechtungsfrist nach § 1600b Abs. 1 BGB erfolgen. Damit kann Max die Vaterschaft von Jens erfolgreich im Verfahren nach §§ 169 ff. FamFG anfechten und gemäß § 182 FamFG wird gleichzeitig die Vaterschaft von Max festgestellt.

Für die Übertragung der gemeinsamen elterlichen Sorge ist gemäß § 1626a Abs. 1 BGB entweder gemäß Nr. 1 erforderlich, das Lara und Max beide Sorgeerklärungen abgeben oder gemäß Nr. 2 einander heiraten. Zudem könnte Max einen Antrag an das Familiengericht auf Übertragung der gemeinsamen elterlichen Sorge nach § 1626a Abs. 1 Nr. 3, Abs. 2 BGB stellen. Dieser Antrag ist Erfolg versprechend, wenn die Übertragung der gemeinsamen Sorge dem Kindeswohl nicht widerspricht. Gemäß § 1626a Abs. 2 Satz 3 BGB wird vermutet, dass dies der Fall ist, wenn der andere Elternteil keine Gründe vorträgt, die der Übertragung der gemeinsamen elterlichen Sorge entgegenstehen könnten, und solche Gründe auch sonst nicht ersichtlich sind. Die Tatsache, dass Max straffällig geworden ist und zurzeit eine Freiheitsstrafe verbüßt, stellt nicht zwangsläufig einen Grund dar, der der Übertragung der gemeinsamen elterlichen Sorge entgegensteht; auch kann mangels gegenteiliger Hinweise nicht davon ausgegangen werden, dass beide die nötige Kooperationsbereitschaft[16] nicht aufbringen werden.

15 Diese Voraussetzung wird in der Praxis erst im gerichtlichen Verfahren geprüft, vgl. Palandt/Brudermüller, BGB, § 1600 Rn. 9.

16 Vgl. zur nötigen Kooperationsbereitschaft im Rahmen gemeinsamer elterlichen Sorge die Ausführungen des BVerfG in seinem Beschluss vom 21.7.2010, 1 BvR 420/09, Rn. 50 ff., NJW 2010, 3011 f.

Daher sind Gründe, die der Übertragung der gemeinsamen elterlichen Sorge entgegenstehen könnten, nicht ersichtlich; die Übertragung der gemeinsamen Sorge widerspricht dem Kindeswohl von Sophia nicht.

Ergebnis: Nach erfolgreicher Anfechtung der Vaterschaft und bei Vorliegen der Voraussetzungen für eine der drei Alternativen im Rahmen des § 1626a Abs. 1 BGB kann Max das Sorgerecht über Sophia (mit)eingeräumt werden.

2. *Hat Lara einen Anspruch auf Einsetzung eines Erziehungsbeistands?*

Der geltend gemachte Anspruch auf Einsetzung eines Erziehungsbeistands für den 10-jährigen Eric (Kind im Sinne von § 7 Abs. 1 Nr. 1 SGB VIII) könnte sich aus §§ 27 Abs. 1, 2, 30 SGB VIII ergeben. Dies setzt zunächst einen Antrag[17] des Personensorgeberechtigten voraus. Lara ist mit dem Vater von Eric nicht verheiratet und daher allein Personensorgeberechtigte nach § 7 Abs. 1 Nr. 5 SGB VIII i.V.m. § 1626a Abs. 3 BGB.[18] Sie begehrt die Einsetzung eines Erziehungsbeistandes; insofern ist davon auszugehen, dass sie den nötigen Antrag stellen wird.

Erforderlich ist ferner, dass eine dem Wohl des Kindes entsprechende Erziehung nicht gewährleistet ist. Dies ist der Fall, wenn Erziehungsdefizite vorliegen, die nicht durch die Personensorgeberechtigten behoben werden. Erziehungsdefizite liegen vor, wenn ein erzieherisches Verhalten geboten, von den Personensorgeberechtigten jedoch nicht durchgeführt wird.[19]

Aufgrund der Tatsache, dass Eric „Tag und Nacht" 6 Stunden Computerspiele spielt und es infolgedessen schon zu Verhaltensweisen (Schlagen der Mutter, „raues Verhalten" gegenüber Mitschülern, Unausgeschlafenheit) gekommen ist, die sich ohne Einwirkung erheblich negativ auf die weitere Entwicklung von Eric und sein Wohl auswirken können, wäre erforderlich, dass die Personenberechtigte, Lara, dem Einhalt gebieten und insbesondere für einen dem Alter von Eric entsprechenden Computerkonsum sorgen würde. Dazu ist sie nach eigener Ein-

17 Das Merkmal des Antrags ist zwar nicht ausdrücklich in § 27 Abs. 1 SGB VIII enthalten. Nach h.M. ist ein Antrag bzw. ein Einverständnis der Personensorgeberechtigten Voraussetzung für die Gewährung einer Hilfe zur Erziehung, wie hier: BVerwG, Urteil vom 21.6.2001, 5C 6/00, NJW 2002, 232, ZfJ 2002, 30; Fischer in: Schellhorn/Fischer/Mann, SGB VIII, § 27 Rn. 21; Happe/Sauerbier in: Jans/Happe/Saurbier/Maas, KJHG, § 27 Art. 1 KJHG Rn. 10b, a.A. vgl. Schmid-Oberkirchner in: Wiesner, SGB VIII, § 27 Rn. 26; Kunkel/Kepert in: LPK-SGB VIII, § 27 Rn. 1; Tammen/Trenczek in: FK-SGB VIII, § 27 Rn. 44.

18 Da über den Vater nichts bekannt ist, braucht nicht auf die Möglichkeit eines Antrags gemäß § 1626a Abs. 1 Nr. 3, Abs. 2 BGB eingegangen werden.

19 Vgl. Schmid-Obkirchner in: Wiesner, SGB VIII, § 27 Rn. 20; Kunkel in: LPK-SGB VIII, § 27 Rn. 2; vgl. auch Tammen/Trenczek in: FK-SGB VIII, § 27 Rn. 8.

schätzung nicht in der Lage, insofern liegt ein Erziehungsdefizit vor; diese Voraussetzung ist gegeben.

Schließlich müsste die angestrebte Hilfe, d.h. die Gewährung eines Erziehungsbeistands geeignet und notwendig sein. Gemäß § 27 Abs. 2 SGB VIII wird die Art der Hilfe insbesondere nach Maßgabe der §§ 28 – 35 SGB VIII gewährt und die Art und Umfang der Hilfe richtet sich nach dem erzieherischen Bedarf im Einzelfall. Ein Erziehungsbeistand nach § 30 SGB VIII soll das Kind bei Bewältigung von Erziehungsproblemen möglichst unter Einbeziehung des sozialen Umfelds unterstützen und unter Erhaltung des Lebensbezugs zur Familie seine Verselbständigung fördern.[20] Die Problemsituation betrifft vor allem das Verhalten von Eric, ein Erziehungsbeistand erscheint als Beistand zur Bewältigung der erzieherischen Probleme von Lara als geeignet und auch notwendig, denn ohne Hilfe besteht die Gefahr, dass sich die Entwicklung von Eric auf sein Wohl nicht positiv auswirkt.

Im Hinblick auf den hier einzuhaltenden Grundsatz der Verhältnismäßigkeit sind die intensiveren Hilfeformen der §§ 31 – 35 SGB VIII nicht angemessen. Auch soziale Gruppenarbeit nach § 29 SGB VIII scheidet aus, da die bei Eric maßgeblichen Schwierigkeiten nicht im Zusammenhang mit seinem Verhalten in einer Gruppe zu sehen sind. Eine bloße Erziehungsberatung erscheint ebenfalls nicht als ausreichend, den Lara hat bereits erfolglos um Hilfe in einer Erziehungsberatungsstelle nachgesucht.

Ergebnis: Insgesamt erscheint Hilfe in Form der Gewährung eines Erziehungsbeistands als die geeignete Hilfeform; Lara hat einen Anspruch auf Einsetzung eines Erziehungsbeistandes nach §§ 27 Abs. 1, 2, 30 SGB VIII.

20 Vgl. Kunkel/Kepert in: LPK-SGB VIII, § 30 Rn. 7 ff.; Schmid-Obkirchner in: Wiesner, SGB VIII, § 30 Rn. 7 ff.; vgl. auch Fieseler/Herborth, Recht der Familie und Jugendhilfe, S. 289; Tammen in: Münder/Wiesner/Meysen, Handbuch, S. 257 f.

Klausur 2:
„Karl, Ralf und Josef – der Klotz am Bein"

- 6 Jahre zusammen gelebt + „Vater" von Josef
- 4 ½ Jahre 2x die Woche Zeit mit Josef + Verzicht auf Alkohol

Vor 11 Jahren gebar Rosemarie ihren Sohn Josef. Sie lebte zu diesem Zeitpunkt mit Karl zusammen und beide gingen davon aus, dass Karl der Vater von Josef war. Rosemarie war arbeitslos und entschied sich fortan für ein Leben als Hausfrau und Mutter. Karl arbeitete als Metallarbeiter in einem größeren Unternehmen. Infolge von Problemen mit seinem Alkoholkonsum verlor er vor 5 Jahren seinen Arbeitsplatz und seine Familie: Er trennte sich von Rosemarie und zog aus der gemeinsamen Wohnung aus. Rosemarie und Karl vereinbarten, dass Karl fortan zweimal pro Woche (mittwochs nachmittags und samstags) Zeit mit Josef bei Karl verbringen dürfte. Karl sagte zu, dass er in dieser Zeit keinen Alkohol konsumieren würde und Alkoholflaschen für Josef nicht sichtbar aufbewahren würde. In der folgenden Zeit funktionierte dies ganz gut, bis Rosemarie vor 6 Monaten Ralf kennen und lieben lernte. In der Folgezeit beschloss sie, in der Zukunft eine „ganz normale Familie leben zu wollen", in der Karl nicht mehr vorgesehen war. Sie erklärte diesem daher vor 2 Wochen, ab sofort könne er Josef nicht mehr sehen, Josef wolle – was zutrifft – keinen Kontakt mehr mit Karl, „weil er mit einem Alkoholiker nichts zu tun haben wolle. Im Übrigen habe er kein Recht dazu". Karl reagierte entsetzt und erklärte, er wolle Josef weiter sehen; schließlich sei er der Vater und jedes Kind habe ein Recht auf seinen Vater. Rosemarie verharrte auf ihrem Standpunkt und erklärte, Karl solle sich hinsichtlich der Vaterschaft nicht so sicher fühlen, schließlich habe sie in der gesetzlichen Empfängniszeit auch mit ihrer alten Jugendliebe Andy Geschlechtsverkehr gehabt. Karl wendet sich nun an Sie, die Sie in einer Familienberatungsstelle als Sozialarbeiter(in) tätig sind, und stellt folgende Fragen:

1. Ist Karl rechtlich der Vater von Josef? Sofern dies nicht der Fall sein sollte: Welche Möglichkeiten bestehen für ihn, den Status des rechtlichen Vaters von Josef zu erhalten?

2. Hat Karl einen Anspruch, Josef weiterhin unter den vor 5 Jahren zwischen Rosemarie und ihm vereinbarten Bedingungen zu sehen?

Josef kam und kommt mit Ralf nicht klar. Ralf verhielt und verhält sich ihm gegenüber stets abweisend und erklärte ihm einmal, er (Ralf) wolle nur Rosemarie und Josef sei ein richtiger „Klotz am Bein". Josef wurde fortan in der Schule immer auffälliger. Er schlug seine Mitschüler, störte permanent den Unterricht. Seine schulischen Leistungen nahmen rapide ab, seine Versetzung ins nächste Schuljahr war und ist gefährdet. Eines Morgens offenbarte Josef seiner Klassenlehrerin sein Leid. Diese riet ihm, sich ans Jugendamt zu wenden. Josef ging daher zum Jugendamt der Stadt K und erklärte ihnen, die Sie dort als Sozialarbeiterin arbeiten: „Sein ganzes Leben sei verkorkst; er habe kein Zuhause, sein Vater sei Alkoholiker, seine Mutter kümmere sich nur noch um Ralf und dieser weise ihn ganz klar ab. Er wolle daher nicht mehr nach Hause zurück und bitte um Hilfe."

Sie stellen sich folgende Frage:

Liegen die Voraussetzungen für eine Inobhutnahme vor?

(Hinweis: Gehen Sie bitte von der Zuständigkeit des Jugendamtes aus, Ausführungen dazu sind nicht zu machen.)

(Hinweis: Begründen Sie Ihre Antworten an Hand der einschlägigen Vorschriften. Gehen Sie bitte davon aus, dass alle Angaben im Sachverhalt zutreffen, etwaige weitere Ermittlungen ergeben keine neuen Erkenntnisse.)

Gliederung zur Klausurlösung 2

Themengebiete: Vaterschaftsfeststellung, Umgangsrecht, Inobhutnahme

1. Ist Karl rechtlich der Vater von Josef? Sofern dies nicht der Fall sein sollte: Welche Möglichkeiten bestehen für ihn, den Status des rechtlichen Vaters von Josef zu erhalten?

Vaterschaft nach § 1592 BGB?

- Nr. 1 (-), da Karl zum Zeitpunkt der Geburt nicht mit Rosemarie verheiratet war.
- Nr. 2 (-), da Karl die Vaterschaft nicht anerkannt hat.
- Nr. 3 (-), da (bisher) die Vaterschaft nicht gerichtlich festgestellt wurde.

Möglichkeit: Anerkenntnis (-), da dieses nur mit Zustimmung der Mutter möglich (§ 1595 Abs. 1 BGB) und diese Zustimmung nicht zu erwarten ist.

Einleitung eines Vaterschaftsfeststellungsverfahrens nach § 1600d Abs. 1 BGB, §§ 169 ff. FamFG mit dem Ziel, eine Entscheidung des Familiengerichts über die Feststellung der Vaterschaft herbeiführen.

- keine Vaterschaft nach § 1592 Nr. 1 und 2, § 1593 BGB (+)
- Antrag von Karl gemäß § 171 FamFG auf Feststellung der Vaterschaft

Ergebnis: Rechtliche Vaterschaft von Karl über Josef (-); Möglichkeit eines Vaterschaftsfeststellungsverfahrens nach § 1600d Abs. 1 BGB, §§ 169 FamFG. Wenn Verfahrensausgang positiv, Karl = rechtlicher Vater von Josef.

2. Hat Karl einen Anspruch, Josef weiterhin unter den vor 5 Jahren zwischen Rosemarie und ihm vereinbarten Bedingungen zu sehen?

Da Karl nicht der Vater von Josef ist (s.o.), Umgangsrecht nach § 1685 Abs. 1, 2 BGB?

- Karl enge Bezugsperson von Josef? Tatsächliche Verantwortung für Josef? Längeres Zusammenleben mit dem Kind in häuslicher Gemeinschaft (§ 1685 Abs. 2 Satz 2 BGB)?
  - „Längere Zeit" – vom Einzelfall abhängig; Karl lebte 6 Jahre mit Josef zusammen, war für ihn „wie ein Vater" – (+).
- Umgangsrecht dann, wenn dies dem Wohl von Josef dient, § 1685 Abs. 1 BGB
  - (+), wenn die Aufrechterhaltung des Umgangs mit anderen Bezugspersonen für seine Entwicklung förderlich ist.
  - Alle Umstände sind zu berücksichtigen.
  - Für Umgangsrecht:
    - Karl hatte in den letzten 5 Jahren regelmäßig Umgang mit Josef und es gab keine Probleme; Beziehung wurde aufgebaut.
    - Karl hat Verantwortung für Josef getragen.
  - Gegen Umgangsrecht
    - Alkoholproblem von Karl, welches von Josef erwähnt wird.
    - Josef möchte keinen Umgang mit Karl; dieses sollte aber nicht überbewertet werden, da der Umgang immerhin 5 Jahre ohne Probleme gepflegt wurde.

- Abwägung: (+) für Umgangsrecht

  – Argument von Rosemarie („Leben in einer normalen Familie") spricht nicht gegen Umgangsrecht, ein solches Leben ist auch ohne Ausschluss des Umgangsrechts von Karl möglich.

  – Alkoholproblem von Karl, hat sich bisher nicht negativ auf den Umgang ausgewirkt; Voraussetzungen für einen Umgang in Form eines begleiteten Umgangs nach §§ 1685 Abs. 2, 3, 1684 Abs. 4 BGB liegen zurzeit nicht vor.

- Bisherige Regelung kann aufrechterhalten werden, Anhaltpunkte für Probleme mit der zeitlichen Lage der Termine (-).

Ergebnis: Karl hat einen Anspruch, Josef weiterhin unter den vor 5 Jahren zwischen Rosemarie und ihm vereinbarten Bedingungen zu sehen.

3. Liegen die Voraussetzungen für eine Inobhutnahme vor?

Inobhutnahme nach § 42 Abs. 1 Satz 1 Nr. 1 SGB VIII, Kind bittet um Inobhutnahme?

- Auslegung der Erklärung; der Begriff „Inobhutnahme" muss nicht erwähnt werden; entscheidend: subjektives Schutzbedürfnis des Kindes wird deutlich.
- Josef erklärt ausdrücklich, dass er nicht mehr nach Hause zurück möchte und gibt dazu eine plausible Erklärung ab. Also: Inobhutnahme (+).

Inobhutnahme nach § 42 Abs. 1 Satz 1 Nr. 2, § 8a Abs. 2 Satz 2 SGB VIII

- Gefahr für das Wohl des Kindes?
  - Eine Kindeswohlgefährdung liegt vor, wenn eine gegenwärtige Gefahr besteht, die bei weiterem ungehinderten Fortgang eine erhebliche Schädigung des körperlichen, geistigen oder seelischen Wohls des Kindes mit ziemlicher Sicherheit voraussehen lässt.
  - geistiges Wohl gefährdet, da schulische Leistungen rapide abnehmen und bei weiterem ungehindertem Fortgang mit einer erheblichen Verschlechterung der schulischen Leistungen und damit der Berufsaussichten gerechnet werden muss.
  - Gefährdung des seelischen Wohls: Mutter kümmert sich nicht mehr um ihn und der Freund der Mutter weist ihn ab; auch Schlagen der Mitschüler – führt bei weiterem ungehinderten Fortgang zu massiven Störungen des seelischen Wohlbefindens.
- Dringende Gefahr?
  - Gefahr dringend – z.B. wenn ein Abwarten, um das Wohl des Kindes im üblichen Verfahren (§ 8a Abs. 1, 2 SGB VIII, § 1666 Abs. 1 BGB) zu sichern, nicht möglich ist, da die Gefahrenlage ein unmittelbares und schnelles Handeln erfordert.

- Sehr zweifelhaft, da bisher keine Gespräche mit der Mutter geführt wurden. Es erscheint nicht aussichtslos, dass die Mutter ihr Verhalten ändert.

Ergebnis: Voraussetzungen für eine Inobhutnahme nach § 42 Abs. 1 Nr. 1 SGB VIII liegen vor; §§ 42 Abs. 1 Nr. 2, 8a Abs. 2 Satz 2 SGB VIII (-)

Ausformulierte Lösung zur Klausur 2

1. Ist Karl rechtlich der Vater von Josef? Sofern dies nicht der Fall sein sollte: Welche Möglichkeiten bestehen für ihn, den Status des rechtlichen Vaters von Josef zu erhalten?

Eine rechtliche Vaterschaft nach § 1592 Nr. 1 BGB scheidet aus, da Karl zum Zeitpunkt der Geburt von Josef nicht mit Rosemarie verheiratet war. Gleiches gilt für eine Vaterschaft nach § 1592 Nr. 2 BGB, da Karl die Vaterschaft nicht anerkannt hat. Schließlich wurde auch bisher kein Vaterschaftsfeststellungsverfahren eingeleitet, so dass auch § 1592 Nr. 3 BGB ausscheidet.

Denkbar wäre, dass Karl die Vaterschaft über Josef nach §§ 1594 ff. BGB anerkennen könnte, um den Status des rechtlichen Vaters von Josef zu erhalten. Dies erscheint aber aussichtslos, denn die Anerkennung ist gemäß § 1595 Abs. 1 BGB nur mit Zustimmung von Rosemarie möglich und diese Zustimmung ist im Hinblick auf ihre Äußerungen nicht zu erwarten. Möglich ist daher nur die Einleitung eines Vaterschaftsfeststellungsverfahrens nach § 1600d Abs. 1 BGB, §§ 169 ff. FamFG. Es besteht keine Vaterschaft nach § 1592 Nr. 1 und 2 oder § 1593 BGB, die Voraussetzungen für dieses Verfahren liegen vor. Nötig ist gemäß § 171 FamFG ein entsprechender Antrag von Karl, gerichtet an das zuständige Familiengericht, auf Feststellung der Vaterschaft.

Ergebnis: Karl ist nicht der rechtliche Vater von Josef. Es besteht für ihn die Möglichkeit, im Rahmen eines Vaterschaftsfeststellungsverfahrens gemäß § 1600d Abs. 1 BGB, §§ 169 ff. FamFG seine Vaterschaft klären zu lassen. Bei positivem Ausgang erhält er den Status des rechtlichen Vaters.

2. Hat Karl einen Anspruch, Josef weiterhin unter den vor 5 Jahren zwischen Rosemarie und ihm vereinbarten Bedingungen zu sehen?

Da Karl nicht der rechtliche Vater von Josef ist, kommt lediglich ein Umgangsrecht nach § 1685 Abs. 1, 2 BGB in Betracht. Dann müsste Karl eine enge Bezugsperson für Josef sein. Dies setzt nach § 1685 Abs. 2 Satz 1 BGB voraus, dass er tatsächliche Verantwortung für Josef getragen hat, d.h. dass zwischen beiden eine sozial-familiäre Beziehung besteht. Die Übernahme tatsächlicher Verantwortung ist gemäß § 1685 Abs. 2 Satz 2 BGB in der Regel anzunehmen, wenn die enge Bezugsperson mit dem Kind längere Zeit in häuslicher Gemeinschaft zusammengelebt hat. „Längere Zeit" ist einzelfallbezogen anzuwenden. Maßgebend ist, dass zwischen beiden Personen ein ausreichendes Vertrauensverhältnis entstanden ist.[21] Karl lebte 6 Jahre mit Josef zusammen und war für ihn „wie ein Vater". Von einem entsprechenden Vertrauensverhältnis ist auszugehen, eine sozial-familiäre Beziehung zwischen beiden liegt vor.

Ein Umgangsrecht besteht dann, wenn dies gemäß §§ 1685 Abs. 2, Abs. 1 BGB dem Wohl von Josef dient. Ein Umgang dient dann dem Wohl des Kindes, wenn – entsprechend § 1626 Abs. 3 BGB – die Aufrechterhaltung des Umgangs mit anderen Bezugspersonen für seine Entwicklung förderlich ist.[22] Dabei sind alle Umstände des Einzelfalls zu berücksichtigen. Für ein Umgangsrecht von Karl spricht, dass er in den letzten 5 Jahren regelmäßig Umgang mit Josef hatte und eine Beziehung aufgebaut wurde. Karl hat Verantwortung für Josef übernommen. Gegen ein Umgangsrecht spricht Karls Alkoholproblem, Alkoholkonsum insbesondere in Gegenwart von Josef ist dem Umgang mit ihm nicht förderlich. Auch möchte Josef selbst keinen Kontakt mit Karl. Jedoch sollte dieser Wunsch nicht überbewertet werden, denn Karl hat immerhin 5 Jahre ohne Probleme den Umgang mit Karl gepflegt und nicht auszuschließen ist, dass Josef seine diesbezügliche Meinung zukünftig nach positiven Umgangserfahrungen wieder verändert.

Die vorzunehmende Abwägung fällt zugunsten eines Umgangsrechts von Karl aus. Bestimmend sind in erster Linie die Tatsache des 5-jährigen unproblematischen Zusammenlebens und der damit verbundene Beziehungsaufbau. Das Alkoholproblem hat sich bisher nicht negativ auf den Umgang ausgewirkt. Für einen begleiteten Umgang liegen derzeit die Voraussetzungen der §§ 1685 Abs. 2, 3, 1684 Abs. 4 BGB nicht vor. Die Aussage von Rosemarie, sie wolle ein Leben in einer normalen Familie, spricht nicht gegen ein Umgangsrecht, denn ein solches Leben ist auch ohne Ausschluss des Umgangsrechts von Karl möglich.

Da keine Anhaltspunkte für Probleme mit der zeitlichen Lage der Termine bestehen, kann die bisherige Regelung (zweimal pro Woche mittwochs nachmittags und samstags) beibehalten werden.

Ergebnis: Karl hat einen Anspruch, Josef weiterhin unter den vor 5 Jahren zwischen Rosemarie und ihm vereinbarten Bedingungen zu sehen.

---

21 Ähnlich PWW-Ziegler, § 1685 Rn. 3 m.w.N.

22 Vgl. dazu Palandt/Götz, BGB, § 1685 Rn. 3.

3. Liegen die Voraussetzungen für eine Inobhutnahme vor?

In Betracht kommt eine Inobhutnahme nach § 42 Abs. 1 Satz 1 Nr. 1 SGB VIII. Dann müsste Josef um Inobhutnahme gebeten haben. Um Inobhutnahme bittet, wer unmissverständlich klar macht, dass er sich in einer Notsituation befindet und nicht mehr in seine bisherige Situation zurück möchte.[23] Der Begriff „Inobhutnahme" muss nicht erwähnt werden. Josef hat ausdrücklich erklärt, dass er nicht mehr nach Hause zurück wolle und dafür eine plausible Erklärung abgegeben. Die Voraussetzungen für eine Inobhutnahme nach § 42 Abs. 1 Satz 1 Nr. 1 SGB VIII liegen vor.

In Betracht kommt ferner eine Inobhutnahme nach § 42 Abs. 1 Satz 1 Nr. 2 SGB VIII i.V.m. § 8a Abs. 2 Satz 2 SGB VIII.[24] Erforderlich dafür ist zunächst eine Gefahr für das Wohl von Josef, die vorliegt, wenn eine gegenwärtige Gefahr besteht, die bei weiterem ungehinderten Fortgang eine erhebliche Schädigung des körperlichen, geistigen oder seelischen Wohls des Kindes mit ziemlicher Sicherheit voraussehen lässt.[25] Die Gefährdung des geistigen Wohls von Josef könnte vorliegen, denn seine schulischen Leistungen nehmen rapide ab und ohne Intervention kann prognostiziert werden, dass sich die Leistungen noch weiter erheblich verschlechtern und sich seine Berufsaussichten massiv verschlechtert werden. Auch bestehen Anhaltspunkte für die Gefährdung des seelischen Wohls, denn seine Mutter kümmert sich nicht mehr um ihn und der Freund der Mutter weist ihn ab. Zudem schlägt er seine Mitschüler.

Letztlich kann aber die Frage, ob das Wohl von Josef gefährdet ist, dahinstehen, denn es fehlt an dem Merkmal „dringend". Eine Gefahr ist dringend, wenn ein weiteres Abwarten (z.B. das Wohl des Kindes im üblichen Verfahren (§ 8a Abs. 1, 2 SGB VIII, § 1666 Abs. 1 BGB) zu sichern) nicht mehr möglich ist, da die Gefahrenlage ein unmittelbares und schnelles Handeln erfordert.[26] Dies kann hier nicht bejaht werden, weil bisher überhaupt noch keine Gespräche mit der Mutter geführt wurden. Es erscheint nicht aussichtslos, dass Rosemarie nach einem entsprechenden Gespräch ihre Meinung ändert.

Ergebnis: Die Voraussetzungen für eine Inobhutnahme nach § 42 Abs. 1 Nr. 1 SGB VIII liegen vor, die nach § 42 Abs. 1 Nr. 2 SGB VIII hingegen liegen nicht vor.

---

23 Wiesner, SGB VIII, $ 42 Rn. 7a; Kepert in: LPK-SGB VIII, § 42 Rn. 20 ff.

24 Obwohl die Inobhutnahme nach § 42 Abs. 1 Nr. 1 SGB VIII schon bejaht werden kann, ist die Variante des § 42 Abs. 1 Nr. 2 SGB VIII ebenfalls zu prüfen, weil beide Wege zum Ziel führen können.

25 Vgl. BGH, Beschluss vom 14.7.1956 – IV ZB 32/56, FamRZ 1956, 350, Bringewat in: LPK-SGB VIII, § 8a Rn. 28; Wiesner, SGB VIII, § 8a Rn. 13b; MünchKomm/Olzen, BGB, § 1666 Rn. 48 m.w.N.; Palandt/Götz, BGB, § 1666 Rn. 8.

26 Vgl. Kepert in: LPK-SGB VIII, § 42 Rn. 25 f.; Mann in: Schellhorn/Fischer/Mann/Kern, SGB VIII, § 42 RN. 10 m.w.N.

Klausur 3: „Das schlechte Gewissen und der Mist zu Hause"

1. Jana und Martin haben vor 10 Jahren Soziale Arbeit studiert und sich kennen und lieben gelernt. Bereits während des Studiums zogen sie zusammen und nach dem Studienabschluss vor 6 Jahren heirateten sie und Jana wurde vor 5½ Jahren Mutter eines Sohnes, Georg. Jana plagte dann aber das schlechte Gewissen. Als Georg 4 Jahre alt wurde, „beichtete" sie Martin, dass sie neben ihrer Beziehung die „nicht erkaltete Liebe" zu ihrem Schulfreund Peter „weitergepflegt" habe. Sie könne auch nicht ausschließen, dass Martin nicht der Vater von Georg sei. Martin war darüber überaus erbost. Er zog unmittelbar, d.h. vor 1½ Jahren aus der gemeinsamen Wohnung aus, focht die Vaterschaft zu Georg an und beantragte die Scheidung der Ehe mit Jana. Zudem wurde rechtskräftig gerichtlich festgestellt, dass nicht Martin, sondern Peter der Vater von Georg ist. In Folge der Entscheidung ist Peter der Meinung, dass er nun auch das Sorgerecht über Georg habe. Er wolle sich nun auch stärker um Georg kümmern. Darauf angesprochen meinte Jana, die seit dem Auszug von Martin mit Georg alleine lebt, „Sorgerecht sei nicht Vaterschaft". Sie wolle allein für Georg sorgen und Peter solle da nicht reinreden. Da Martin nach wie vor starke Gefühle gegenüber Georg (Georg nennt Martin immer noch Papa) empfindet, möchte Martin Georg mindestens ein Mal in der Woche sehen. Jana verweigert dies grundsätzlich, „es sei nun alles geklärt". Martin und Peter wenden sich an Sie, die Sie aktuell Soziale Arbeit studieren und möchten wissen:

1.1 Hat Peter mit Jana das gemeinsame Sorgerecht über Georg (ggf. könnte er es erlangen und wie sind die Erfolgsaussichten insoweit zu beurteilen?)?

1.2 Hat Martin einen Anspruch, Georg zu sehen? (Hinweis: Ausführungen zu den Fragen wie oft, wann und wo er Georg sehen könnte, sind nicht zu machen.)

2. Sie haben ihr Studium der Sozialen Arbeit bereits erfolgreich abgeschlossen und arbeiten im Jugendamt der Stadt Köln. Dort geht bei Ihnen folgender Hinweis aus einer Hauptschule ein: Kevin ist 15 Jahre und lebt bei seinen Eltern. Der Vater ist arbeitslos und die Mutter befindet sich aufgrund einer akuten Psychose in der geschlossenen Abteilung eines psychiatrischen Krankenhauses. Kevin, der bereits als Kind mehrere Diebstähle begangen hatte und mit 14 Jahren rechtskräftig wegen einer Körperverletzung verurteilt worden sei, hatte seinem Klassenlehrer gestanden, dass er eine ältere Dame auf offener Straße ausgeraubt habe. Die Polizei ermittele, das Ermittlungsverfahren sei noch nicht abgeschlossen. In der Schule verhalte sich Kevin sehr aggressiv gegenüber seinen Mitschülern, störe den Unterricht in einer Weise, dass er teilweise nicht durchgeführt werden kann. Seine Leistungen bewegen sich im ausreichenden Bereich. Auf sein Verhalten angesprochen, habe Kevin erklärt, „zu Hause sei alles Mist." Der Vater sei zweimal angeschrieben worden, jedoch habe er nicht reagiert. In einem anschließenden Telefonat habe der Vater „sich jeglichen Kontakt mit dem Jugendamt verbeten".

Sie überlegen, ob die Voraussetzungen für ein weiteres Vorgehen nach § 8a Abs. 1 SGB VIII vorliegen?

(Hinweis: Begründen Sie Ihre Antworten an Hand der einschlägigen Vorschriften. Gehen Sie bitte davon aus, dass alle Angaben im Sachverhalt zutreffen, etwaige weitere Ermittlungen ergeben keine neuen Erkenntnisse.)

Gliederung zur Klausurlösung 3

Themengebiete: Sorgerecht, Umgangsrecht, Voraussetzungen für ein Vorgehen nach § 8a Abs. 1 SGB VIII

1. Hat Peter mit Jana das gemeinsame Sorgerecht über Georg (ggf. könnte er es erlangen und wie sind die Erfolgsaussichten insoweit zu beurteilen)?

Einräumung des Sorgerechts (als gemeinsames Sorgerecht mit Lara, der Mutter von Georg) nach §§ 1626 Abs. 1, 1626a Abs. 1 Nr. 3, Abs. 2 BGB

- Peter rechtlicher Vater? – vom Familiengericht wurde Peter als Vater festgestellt, Peter – rechtlicher Vater von Georg, § 1592 Nr. 3 BGB.
- Da Jana und Peter weder Sorgeerklärungen abgegeben noch einander geheiratet haben (vgl. § 1626a Abs. 1 BGB), kommt ein Antrag auf Übertragung des gemeinsamen Sorgerechts nach § 1626 Abs. 1 Nr. 3, Abs. 2 BGB in Betracht.

- Antrag – Aussicht auf Erfolg, wenn die Übertragung der gemeinsamen Sorge dem Wohl von Georg nicht widerspricht.
  - § 1626a Abs. 2 Satz 2 BGB: Vermutung dafür, wenn der andere Elternteil keine Gründe vorträgt, die der Übertragung der gemeinsamen elterlichen Sorge entgegenstehen können, und wenn solche Gründe auch sonst nicht ersichtlich sind.
  - Diskussion: Gründe, die der Übertragung der gemeinsamen Sorge entgegenstehen, sind nicht ersichtlich, Aussage von Jana, sie wolle allein für Georg sorgen und Peter solle da nicht „reinreden" – kein derartiger Grund. Insofern: Vermutung des § 1626a Abs. 2 Satz 2 BGB (+).

Ergebnis: Peter hat zurzeit nicht das Sorgerecht über Georg. Er kann einen Antrag auf Übertragung des gemeinsamen Sorgerechts beim Familiengericht stellen, dieser Antrag hat Aussicht auf Erfolg.

2. Hat Martin einen Anspruch, Georg im o.a. Umfang zu sehen?

Anspruch aus § 1684 Abs. 1 BGB (-), denn Martin ist nicht der rechtliche Vater von Georg.

Anspruch aus § 1685 Abs. 2 BGB

- Martin – enge Bezugsperson für Georg?
  - Übernahme tatsächlicher Verantwortung – Eine Übernahme tatsächlicher Verantwortung ist in der Regel anzunehmen, wenn die Person mit dem Kind längere Zeit in häuslicher Gemeinschaft zusammengelebt hat.
  - Längere Zeit – abhängig von Dauer des Zusammenlebens und Alter des Kindes
  - Martin und der 5 ½ jährige Georg haben 4 Jahre zusammengelebt und Beziehungen wie bei einem Vater und Sohn sind entstanden – (+).
- Martin hat ein Umgangsrecht in Bezug auf Georg, wenn dies dem Wohl von Georg dient.
  - § 1626 Abs. 3 BGB: zum Wohl des Kindes gehört der Umgang des Kindes mit anderen Personen, zu denen das Kind Bindungen besitzt, wenn ihre Aufrechterhaltung für seine Entwicklung förderlich ist.
  - Georg und Martin lebten 4 Jahre zusammen, er nennt ihn immer noch Papa. Insofern relevante Beziehungen entstanden (+); Umgang zum Wohl von Georg dienlich.
  - Umfang des Umgangs – Abstimmung mit dem Wochenplan von Georg (und Jana) nötig

Ergebnis: Martin hat ein Umgangsrecht in Bezug auf Georg. Sofern die vorgeschlagene Umgangsregelung in den Wochenplan von Georg (und Jana) passt, kommt diese ebenfalls in Betracht.

3. Sie überlegen, ob die Voraussetzungen für ein weiteres Vorgehen nach § 8a Abs. 1 SGB VIII vorliegen.

gewichtige Anhaltpunkte für die Gefährdung des Wohls eines Kindes oder Jugendlichen?

- Gewichtige Anhaltspunkte dafür: liegen vor, wenn konkrete Hinweise auf eine Kindeswohlfährdung oder auf Tatsachen vorliegen, die eine solche Kindeswohlgefährdung auslösen können.
- Kindeswohlgefährdung – (+), sofern eine gegenwärtige Gefahr in einem solchen Maße besteht, dass sich bei ungehinderten weiterem Verlauf bei der weiteren Entwicklung des Kindes eine erhebliche (schwere, massive) Schädigung des Kindeswohls mit ziemlicher Sicherheit voraussehen lässt.
- Diskussion:

  Konkrete Hinweise, die eine Kindeswohlgefährdung auslösen können, sind: Mehrfaches Straffälligwerden von Kevin, Geständnis eines Raubes, Straftaten gehören zu seinem Leben – seelisches, geistiges Wohl; in der Schule aggressiv zu seinen Mitschülern – Gefahr von Körperverletzungen.

  Bei weiterem ungehinderten Verlauf – also ohne Intervention; der Vater möchte keinen Kontakt zum Jugendamt und damit keine Intervention - könnte Kevin zukünftig nicht nur einfach, sondern schwer geschädigt werden (Kevin drohen Verurteilungen sowie damit verbundene nicht unerhebliche Einschränkungen seiner weiteren Entwicklung).

  Insofern gewichtige Anhaltspunkte für eine Kindeswohlgefährdung (+)

Ergebnis: Die Voraussetzungen für ein weiteres Vorgehen nach § 8a Abs. 1 SGB VIII liegen vor.

Ausformulierte Lösung zur Klausur 3

1. Hat Peter mit Jana das gemeinsame Sorgerecht über Georg (ggf. könnte er es erlangen und wie sind die Erfolgsaussichten insoweit zu beurteilen)?

Das gemeinsame Sorgerecht[27] mit Jana, der Mutter von Georg, könnte Peter nach §§ 1626 Abs. 1, 1626a Abs. 1 Nr. 3, Abs. 2 BGB auf einen entsprechenden Antrag von ihm eingeräumt werden.

Das Familiengericht hat rechtskräftig festgestellt, dass Peter der Vater von Georg ist, diese Voraussetzung liegt vor.[28] Da Jana und Peter weder gemäß § 1626a

27 Obwohl die Fragestellung lautet, ob Peter das gemeinsame Sorgerecht über Georg hat, weiß der Verfasser ja aufgrund seiner Gliederung, dass er das Sorgerecht nicht hat und es ihm nur über den Antrag eingeräumt werden kann. Insofern erscheint es sinnvoll, die Frage, ob Peter das gemeinsame Sorgerecht über Georg hat, nicht eigens vorab anzusprechen, sondern nahe liegender ist, dies im Rahmen der Prüfung des Antrags an das Familiengericht zu prüfen.

Abs. 1 Nr. 1 BGB Sorgeerklärungen abgegeben noch gemäß § 1626a Abs. 1 Nr. 2 BGB einander geheiratet haben, kommt die Einräumung des gemeinsamen Sorgerechts nur in Betracht, wenn ein Antrag von Peter nach § 1626a Abs. 1 Nr. 3, Abs. 2 BGB Aussicht auf Erfolg hat. Dann dürfte die Übertragung der gemeinsamen Sorge dem Wohl von Georg nicht widersprechen. Gemäß § 1626a Abs. 2 Satz 2 BGB wird vermutet, dass die gemeinsame elterliche Sorge dem Kindeswohl nicht widerspricht, wenn der andere Elternteil keine Gründe vorträgt, die der Übertragung der gemeinsamen elterlichen Sorge entgegenstehen können, und solche Gründe auch sonst nicht ersichtlich sind.

Gründe, die der Übertragung der gemeinsamen Sorge entgegenstehen, sind nicht ersichtlich. Dies gilt insbesondere für die Aussage von Jana, sie wolle allein für Georg sorgen und Peter solle da nicht „reinreden". Dies spricht nicht gegen die Übertragung der gemeinsamen elterlichen Sorge, weil im Regelfall bei nicht verheirateten Eltern kein Elternteil die alleinige Sorge für das gemeinsame Kind beanspruchen kann und nicht davon ausgegangen werden kann, dass beide die nötige Kooperationsbereitschaft[29] zur Ausübung der elterlichen Sorge nicht mitbringen; Peter will sich gerade um Georg stärker kümmern. Insgesamt besteht die Vermutung, dass die gemeinsame elterliche Sorge dem Kindeswohl von Georg nicht widerspricht.

Ergebnis: Peter hat zurzeit nicht das (gemeinsame) Sorgerecht über Georg. Er kann einen Antrag auf Übertragung des gemeinsamen Sorgerechts beim Familiengericht stellen, welcher Aussicht auf Erfolg hat.

2. Hat Martin einen Anspruch, Georg im o.a. Umfang zu sehen?

Ein Umgangsrecht aus § 1684 Abs. 1 BGB scheidet aus, da Martin nicht der Vater von Georg ist. In Betracht kommt ein Umgangsrecht aus § 1685 Abs. 2 BGB.

Dann müsste Martin eine enge Bezugsperson für Georg sein. Dies setzt voraus, dass Martin für Georg tatsächliche Verantwortung getragen hat. Die Übernahme tatsächlicher Verantwortung ist in der Regel anzunehmen, wenn die Person mit dem Kind längere Zeit in häuslicher Gemeinschaft zusammengelebt hat, wobei „längere Zeit" von der Dauer des Zusammenlebens und dem Alter des Kindes abhängig ist.[30] Martin und der 5½ jährige Georg haben 4 Jahre zusammengelebt und in dieser Zeit sind Beziehungen wie bei einem Vater und einem Sohn entstanden. Martin ist demnach enge Bezugsperson von Georg.

---

28 Aufgrund der eindeutigen Information im Sachverhalt braucht hier nicht darauf eingegangen werden, aufgrund welcher Norm genau Peter der Vater von Georg ist.

29 Vgl. dazu allgemein BVerfG, Beschluss vom 21.7.2010, 1 BvR 420/09, Rn. 50 ff., NJW 2010, 3011 f.; BT-Drs. 17/11048, S. 17.

30 Vgl. PWW-Ziegler, § 1685 Rn. 3 m.w.N.

Erforderlich ist zudem, dass der Umgang dem Wohl von Georg dient. Gemäß § 1626 Abs. 3 Satz 2 BGB gehört zum Wohl des Kindes sein Umgang mit Personen, zu denen das Kind Bindungen besitzt, wenn ihre Aufrechterhaltung für seine Entwicklung förderlich ist. Georg und Martin lebten 4 Jahre zusammen und Georg nennt ihn immer noch Papa. Insofern ist davon auszugehen, dass relevante Beziehungen entstanden sind und der Umgang dem Wohl von Georg dienlich ist.

Ergebnis: Martin hat ein Umgangsrecht in Bezug auf Georg. Sofern die vorgeschlagene Umgangsregelung in den Wochenplan von Georg (und Jana) passt – was noch abzuklären ist –, kommt diese Regelung ebenfalls in Betracht.

3. *Sie überlegen, ob die Voraussetzungen für ein weiteres Vorgehen nach § 8a Abs. 1 SGB VIII vorliegen.*

Ein weiteres Vorgehen nach § 8a Abs. 1 SGB VIII setzt voraus, dass gewichtige Anhaltspunkte für die Gefährdung des Wohls eines Kindes oder Jugendlichen vorliegen.

Gewichtige Anhaltspunkte dafür liegen vor, wenn konkrete Hinweise auf eine Kindeswohlfährdung oder auf Tatsachen vorliegen, die eine solche Kindeswohlgefährdung auslösen können.[31] Das (körperliche, geistige oder seelische) Wohl eines Kindes oder Jugendlichen ist gefährdet, wenn eine gegenwärtige Gefahr in einem solchen Maße zu bejahen ist, dass sich bei weiterem ungehindertem Verlauf hinsichtlich der weiteren Entwicklung des Kindes oder Jugendlichen eine erhebliche (schwere, massive) Schädigung des Kindeswohls mit ziemlicher Sicherheit voraussehen lässt.[32]

Bei weiterem ungehindertem Fortgang wird der Vater keinen Kontakt zum Jugendamt aufnehmen und keine Änderung seines Verhaltens vornehmen. Unter diesen Rahmenbedingungen besteht die Gefahr, dass das körperliche, geistige sowie seelische Wohl zukünftig nicht nur einfach, sondern massiv geschädigt wird. Kevin ist bereits straffällig geworden und hat nun einen Raub gestanden. Zu befürchten ist, dass er weiter strafffällig und erheblichere Straftaten begehen wird. Dadurch werden sich seine Lebenserwartungen nicht nur unerheblich verschlechtern. Zudem ist er aggressiv zu seinen Mitschülern und es besteht die Gefahr von Körperverletzungen. Auch diesbezüglich kann mit erheblichen Folgen gerechnet werden. Aufgrund dieser Fakten kann eine Kindeswohlgefährdung im o.a. Sinne ausgelöst werden.

Insgesamt sind damit gewichtige Anhaltspunkte für ein weiteres Vorgehen nach § 8a Abs. 1 SGB VIII gegeben.

Ergebnis: Die Voraussetzungen für ein weiteres Vorgehen nach § 8a Abs. 1 SGB VIII liegen vor.

---

31 Vgl. Wiesner, SGB VIII, § 8a Rn. 14.

32 Vgl. bereits oben Fußnote 25.

Klausur 4: „Miriam, die Schule und der Roller"

1. Pamela und John, beide 30 Jahre alt und Sozialarbeiter von Beruf, lebten seit 3 Jahren zusammen. Vor 9 Jahren wurde Miriam geboren und John erkannte die Vaterschaft rechtswirksam an. Im Sommer vor 2 Jahren heirateten Pamela und John, jedoch veränderte dies ihre Beziehung nicht zum Guten. John lernte auf einem Weihnachtsmarkt in Köln die 10 Jahre jüngere Chantal kennen und zog direkt zur ihr; seitdem lebt John mit Chantal zusammen. Nach eigenem Bekunden ist er „unsterblich in Chantal verliebt" und möchte sie bald heiraten. Pamela ist darüber alles andere erfreut und beschränkte darauf ihre Kontakte zu John auf das Nötigste. Bei Miriam, die zurzeit die 4. Klasse einer Grundschule besucht, steht nun die Frage zur Entscheidung an, auf welche weiterführende Schule sie gehen soll. Nach Auffassung der Lehrerin kann eine eindeutige Empfehlung für Miriam nicht abgegeben werden: in Betracht kommt Realschule oder Gymnasium. Vieles spreche für die eine oder andere Schulform. Pamela möchte Miriam nun bei der nahe gelegenen Realschule anmelden, da sie meint, „Realschule sei die bessere Schulform für Miriam". John dagegen wünscht die Anmeldung in dem etwas entfernter gelegenen Gymnasium, „weil nur so berufliche Chancen für Miriam nicht von vornherein verbaut würden." Vor allen Dingen macht er Pamela gegenüber deutlich, dass er diese Frage mitentscheiden wolle. Darüber ist Pamela beunruhigt, denn sie ist der Meinung, Miriam lebe bei ihr und daher könne sie diese Frage – wie viele andere Fragen auch selbst entscheiden. Sie wendet sich an Sie, die Sie als SozialarbeiterIn in einer Familienberatungsstelle arbeiten, mit folgender Frage:

1. Kann Pamela, die Frage, auf welche Schule Miriam zukünftig geht, alleine entscheiden? (Auf Vorschriften des Schulrechts ist nicht einzugehen.)

Pamela überlegt, ihre Frage auch an das Jugendamt Köln zu richten, „um eine zweite Meinung zu haben".

2. Ist das Jugendamt zur Beantwortung der Frage sachlich zuständig?

3. Miriam fährt seit einiger Zeit mit einem Roller zur Schule, bisher unfallfrei. Am letzten Montag passierte ihr ein Missgeschick: aufgrund zu schnellen Fahrens geriet sie mit ihrem Roller gegen den PKW einer Studentin des Bachelorstudiengangs Soziale Arbeit, den sie ordnungsgemäß am Straßenrand geparkt hatte. An der rechten Beifahrertür entstand dadurch ein deutlich sichtbarer Kratzer, die Beseitigung dessen kostet 500,-- €.

Hat die Studentin einen Anspruch auf Zahlung von 500,-- € gegen Miriam?

(Hinweis: Begründen Sie Ihre Antworten an Hand der einschlägigen Vorschriften. Gehen Sie bitte davon aus, dass alle Angaben im Sachverhalt zutreffen, etwaige weitere Ermittlungen ergeben keine neuen Erkenntnisse.)

Gliederung zur Klausurlösung 4

Themengebiete: Entscheidungen im Rahmen des § 1687 BGB, Zuständigkeit des Jugendamts, Haftung einer Minderjährigen

1. Kann Pamela, die Frage, auf welche Schule Miriam zukünftig geht, alleine entscheiden? (Auf Vorschriften des Schulrechts ist nicht einzugehen.)

Alleinentscheidung nach § 1687 Abs. 1 Sätze 2, 3 BGB?

- Eltern steht die elterliche Sorge gemeinsam zu?
  - §§ 1626 Abs. 1, 1626a Abs. 1 Nr. 2 BGB?
  - Pamela und John – Eltern von Miriam – §§ 1591, 1592 Nr. 2 BGB
  - In der Zwischenzeit einander geheiratet: elterliche Sorge gemäß §§ 1626, 1626a Abs. 1 Nr. 2 BGB gemeinsam
- Getrenntleben von Pamela und John? (+)

  § 1567 Abs. 1 BGB, John ist ausgezogen und lehnt die Fortsetzung der ehelichen Gemeinschaft dadurch ab, dass er Chantal bald heiraten möchte.
- Kind hält sich mit Zustimmung des anderen Elternteils bei einem Elternteil auf? (+)

  Miriam lebt mit Einverständnis von John bei Pamela.
- Anmeldung zur Realschule oder Gymnasium – Angelegenheit des täglichen Lebens – § 1687 Abs. 1 Satz 2 BGB?

- Angelegenheit, die häufig vorkommt – § 1687 Abs. 1 Satz 3 BGB? Die Anmeldung zu einer Schule kommt nicht häufig vor – (-).
- Hat keine schwer abzuändernde Auswirkung auf die Entwicklung des Kindes - (-), Wahl der weiterführenden Schule – erhebliche Auswirkung auf den jeweiligen Lebensweg des Kindes in Bezug auf Berufsziel, Freundeskreis u.ä., Veränderung nicht ohne weiteres möglich; Entscheidung hat schwer abzuändernde Auswirkung auf die Entwicklung des Kindes.

Ergebnis: Die Entscheidung über die Anmeldung zur weiterführenden Schule kann Pamela nicht alleine treffen.

2. Ist das Jugendamt zur Beantwortung der Frage sachlich zuständig?

§ 85 Abs. 1 SGB VIII, Zuständigkeit des örtlichen Trägers (§§ 69 Abs. 1 SGB VIII i.V.m. Landesrecht) für

Leistungen und andere Aufgaben nach dem SGB VIII, §§ 2 Abs. 2 Nr. 2, 17 SGB VIII – Trennungsberatung – keine Zuständigkeit des überörtlichen Trägers nach § 85 Abs. 2 SGB VIII.

Der örtliche Träger errichtet ein Jugendamt (§ 69 Abs. 3 SGB VIII).

Ergebnis: Das Jugendamt ist zur Beantwortung der Frage sachlich zuständig.

3. Hat die Studentin einen Anspruch auf Zahlung von 500,-- € gegen Miriam?

§ 823 Abs. 1 BGB

- Verletzung eines absoluten Rechts – (+), Eigentum am PKW ist verletzt.
- Rechtswidrig (+), kein Rechtfertigungsgrund ersichtlich
- Verantwortlichkeit nach § 828 Abs. 2 BGB?
  - Miriam ist 9 Jahre alt und ein Unfall mit einem Kfz liegt vor.
  - § 828 Abs. 2 BGB überhaupt anwendbar? – (-), da es sich um einen Unfall mit einem geparkten Fahrzeug handelt – ruhender Verkehr – und die typische Überforderungssituation nicht gegeben sein dürfte (a.A. vertretbar).
- Verantwortlichkeit nach § 828 Abs. 3 BGB – dann, wenn Miriam die zur Erkenntnis der Verantwortlichkeit erforderliche Einsicht hat.
  - Allgemein maßgebend: alle Umstände des Einzelfalls wie Alter, Vorerfahrung u.ä.
  - Diskussion: Miriam ist 9 Jahre und ein Mädchen ohne Auffälligkeiten. Einsichtsfähigkeit (+).

- Verschulden; Fahrlässigkeit § 276 Abs. 2 BGB: Außer Acht lassen der im Verkehr erforderlichen Sorgfalt (+)
- Schaden: § 249 Abs. 1 BGB – (+), 500,-- €

Ergebnis: Die Studentin hat einen Anspruch gegen Miriam auf Zahlung von 500,-- € aus § 823 Abs. 1 BGB.

Ausformulierte Lösung zur Klausur 4

1. *Kann Pamela, die Frage, auf welche Schule Miriam zukünftig geht, alleine entscheiden? (Auf Vorschriften des Schulrechts ist nicht einzugehen.)*

Pamela könnte die Frage, auf welche Schule Miriam zukünftig geht, alleine entscheiden, wenn die Voraussetzungen des § 1687 Abs. 1 Sätze 2, 3 BGB vorliegen.

Pamela ist nach § 1591 BGB die Mutter von Miriam und John nach § 1592 Nr. 2 BGB der Vater; er hat die Vaterschaft rechtswirksam anerkannt. Da beide in der Zwischenzeit einander geheiratet haben, steht ihnen auch gemäß §§ 1626, 1626a Abs. 1 Nr. 2 BGB die elterliche Sorge gemeinsam zu.

Pamela und John leben auch getrennt im Sinne von § 1567 Abs. 1 BGB, denn John ist ausgezogen und möchte seine neue Partnerin Chantal bald heiraten. Damit hat er zu erkennen gegeben, dass er die eheliche Gemeinschaft mit Pamela ablehnt. Miriam lebt mit dem Einverständnis von John bei Pamela und hält sich damit im Sinne von § 1687 Abs. 1 Satz 2 BGB mit Einwilligung des anderen Elternteils bei einem Elternteil auf.

Entscheidend ist, ob es sich bei der anstehenden Entscheidung – Schulbesuch auf der Realschule oder dem Gymnasium – um eine Angelegenheit des täglichen Lebens im Sinne von § 1687 Abs. 1 Sätze 2 und 3 BGB handelt. Die Anmeldung zu einer Schule kommt nicht häufig vor, sie ist im Regelfall lediglich zwei- bis dreimal zu treffen. Fraglich ist, ob es sich bei der Schulwahlentscheidung um eine solche handelt, die nicht von erheblicher Bedeutung ist. Entscheidungen in diesem Sinne sind gemäß § 1687 Abs. 1 Satz 3 BGB solche, die keine schwer abzuändernden Auswirkungen auf die Entwicklung des Kindes haben. Die Schulwahlentscheidung[33] hat aber erhebliche Auswirkungen auf den jeweiligen Lebensweg eines Kindes in Bezug auf die berufliche Entwicklung, seinen Freundeskreis und seine Umgebung. Diese Auswirkungen können lediglich mit einem schwierigen Aufwand wieder rückgängig gemacht werden. Insofern liegt keine Entscheidung

33 Vgl. dazu allgemein Palandt/Götz, BGB, § 1687 Rn. 4 mit Verweis auf § 1628 Rn. 6 m.w.N.; MünchKomm/Hennemann, BGB, § 1687 Rn. 10; Erman/ Döll, BGB, § 1687 Rn. 2.

in einer Angelegenheit des täglichen Lebens vor; ein Alleinentscheidungsrecht von Pamela besteht nicht.

Ergebnis: Pamela kann die Entscheidung über die Anmeldung zur weiterführenden Schule nicht alleine treffen.

2. Ist das Jugendamt zur Beantwortung der Frage sachlich zuständig?

Das Jugendamt ist nach § 85 Abs. 1 SGB VIII sachlich zur Beantwortung der gestellten Frage zuständig, wenn eine Leistung oder eine andere Aufgabe im Sinne von § 2 SGB VIII Gegenstand der Anfrage ist. Inhaltlich geht es um eine Trennungsberatung im Sinne von §§ 2 Abs. 2 Nr. 2, 17 SGB VIII, so dass eine Leistung im Sinne der §§ 85 Abs. 1, 2 SGB VIII vorliegt. Da auch keine Zuständigkeit des überörtlichen Trägers ersichtlich ist – keiner der in § 85 Abs. 2 SGB VIII genannten Fälle liegt vor – ist der örtliche Träger der Jugendhilfe zuständig. Dieser wird gemäß § 69 Abs. 1 SGB VIII nach Landesrecht bestimmt und gemäß § 69 Abs. 3 SGB VIII errichtet jeder örtliche Träger für die Wahrnehmung der Aufgaben ein Jugendamt.

Ergebnis: Demzufolge kann als Ergebnis festgehalten werden, dass das Jugendamt für die Beantwortung der aufgeworfenen Frage sachlich zuständig ist.

3. Hat die Studentin einen Anspruch auf Zahlung der 500,-- € gegen Miriam?

Die Studentin könnte einen Anspruch auf Zahlung von 500,-- € gegen Miriam aus § 823 Abs. 1 BGB haben. Sie ist mit ihrem Roller gegen den PKW der Studentin gefahren, hat einen Kratzer verursacht und damit das Eigentum der Studentin verletzt. Rechtfertigungsgründe liegen nicht vor, dies geschah auch widerrechtlich.

Fraglich ist, ob Miriam für ihr Handeln im Sinne von § 828 Abs. 2 BGB verantwortlich ist, da sie gegen ein Kraftfahrzeug gefahren ist. Denn nach dieser Vorschrift ist ein 9-jähriges Kind nicht für einen Schaden verantwortlich, den es bei einem Unfall mit einem Kraftfahrzeug einem anderen zufügt. Problematisch ist aber, ob diese Norm überhaupt anwendbar ist, weil es sich um einen Zusammenstoß mit einem ordnungsgemäß geparkten Kraftfahrzeug handelt. Nach allgemeiner Auffassung ist das Haftungsprivileg des § 828 Abs. 2 BGB nicht anwendbar bei Unfällen mit dem ruhenden Verkehr, weil in diesen Fällen im Regelfall die typische Überforderungssituation, die den Grund für die Haftungsprivilegierung darstellt, nicht gegeben ist.[34] Kinder in diesem Alter befinden sich im motorisierten Verkehr durch die Schnelligkeit, die Komplexität und die Unüber-

34 Vgl. BGH, Urteil vom 30.11.2004, VI ZR 335/03, NJW 2005, 354; Palandt/Sprau, BGB, § 828 Rn. 3 m.w.N.; PWW-Schaub, BGB, § 828 Rn. 7.

sichtlichkeit der Abläufe in einer besonderen Überforderungssituation. Sie sind regelmäßig noch nicht in der Lage, die besonderen Gefahren des modernen Straßenverkehrs zu erkennen. Nur bei Vorliegen dieser besonderen Überforderungssituation wollte der Gesetzgeber eine Ausnahme von der Deliktsfähigkeit bei Kindern anordnen.[35]

Miriams Unfall ereignete sich – zufällig – mit einem geparkten Kraftfahrzeug. Die durch Bewegen im fließenden Verkehr für Kinder in diesem Alter entstehende Überforderungssituation realisierte sich in dieser Fallkonstellation nicht, vielmehr ist dieser Unfall mit einem Zusammenstoß z.B. mit einer Begrenzungsmauer vergleichbar, bei dem ebenfalls das Haftungsprivileg des § 828 Abs. 2 BGB nicht anwendbar wäre. Dic Anwendung des § 828 Abs. 2 BGB scheidet also aus.

Zu prüfen bleibt, ob Miriam nach § 828 Abs. 3 BGB für ihr Verhalten verantwortlich ist. Ausgeschlossen ist ihre Verantwortlichkeit, wenn sie bei der Begehung der schädigenden Handlung nicht die zur Erkenntnis der Verantwortlichkeit erforderliche Einsicht hatte. Für die Beurteilung dieser Frage sind alle Umstände des Einzelfalls wie z.B. das Alter, ihre Vorerfahrungen u.ä. maßgebend.[36] Miriam ist 9 Jahre alt und ein Mädchen ohne Auffälligkeiten. Insofern ist davon auszugehen, dass sie weiß, dass man – wenn man schnell fährt – sein Fahrzeug nicht mehr unter Kontrolle bekommen und einen Unfall und damit einen Schaden verursachen kann. Von einer Einsichtsfähigkeit von Miriam ist auszugehen, sie ist nach § 828 Abs. 3 BGB verantwortlich.

Sie hat auch schuldhaft, d.h. fahrlässig gehandelt. Sie ist nicht mit einer dem Verkehr angepassten Geschwindigkeit, vielmehr zu schnell gefahren und hat damit gemäß § 276 Abs. 2 BGB die im Verkehr erforderliche Sorgfalt außer Acht gelassen.

Durch ihr Verhalten ist der Studentin ein Schaden im Sinne von § 249 Abs. 1 BGB in Höhe von 500,-- €, d.h. dem Betrag entstanden, der zur Beseitigung des Kratzers aufgewendet werden muss.

Ergebnis: Die Studentin hat gegen Miriam einen Anspruch auf Zahlung von 500,-- € aus § 823 Abs. 1 BGB.

---

35 Vgl. BT-Drs. 14/7752, S. 16 f., 26 f.; BGH, Urteil vom 30.11.2004, VI ZR 335/03.

36 Vgl. Palandt/Sprau, BGB, § 828 Rn. 6.

Klausur 5: „Die fernsehende Gabi und der Sorgerechtswirrwarr"

1. In einem Zivilprozess um Unterhalt, den Charlotte gegen Kai betreibt, soll Ansgar aussagen. Ansgar ist der Bruder von Georg; Georg ist der Ehemann von Charlotte. Ansgar möchte in dem Verfahren nicht aussagen und möchte von Ihnen wissen,

ob er ein Zeugnisverweigerungsrecht nach § 383 Abs. 1 Nr. 3 ZPO hat?

2. Gabi geht in die Städt. Kindertagesstätte in K in eine Tagesgruppe (8.00 – 17.00 Uhr). Sie ist 6 Jahre alt und altersgerecht entwickelt. Sie ist an einer Grundschule für das nächste Schuljahr angemeldet. Sie, die Sie den Bachelorstudiengang Soziale Arbeit erfolgreich absolviert haben, leiten die Kindertagesstätte und helfen im Notfall (wie z.B. bei Krankheit von MitarbeiterInnen) in den einzelnen Gruppen aus. In diesem Zusammenhang fällt Ihnen auf, dass Gabi häufig unkonzentriert ist. Einfache Aufgaben in Bezug auf Malen und Zeichnen bringt sie nicht zum Abschluss; auch bei sportlichen Betätigungen hört sie Ihren Erklärungen nicht aufmerksam zu und erfüllt daher die Aufgaben nicht. Eine Mitarbeiterin in der Gruppe, der Sie ihre Beobachtung erzählen, erwähnt, dass Gabi zu viel fernsehen würde. Gabis allein erziehende und sorgeberechtigte Mutter habe ihr gegenüber erwähnt – was zutrifft, Gabi sei ein großer Fernsehfan und würde stundenlang fernsehen. Ihre Nachfragen bei Gabis Mutter, die sich im Gespräch sehr kooperativ zeigt, sowie bei Gabi ergeben, dass Gabi im Durchschnitt 1 Stunde pro Tag fernsieht. Im Übrigen verbringt Gabi die Zeit nach dem Besuch der Kindertagesstätte ohne Auffälligkeiten. Sie überlegen nun das weitere Vorgehen und fragen sich,

ob die Voraussetzungen für eine Hilfe zur Erziehung vorliegen? (Angaben zu §§ 27 Abs. 2, 28 – 35 SGB VIII sind nicht zu machen.)

3. Annika ist Mutter der 3-jährigen Marie. Peter hat die Vaterschaft wirksam anerkannt. Peter trennte sich vor 6 Monaten von Annika, weil er sich in Heidi verliebt hatte. Annika lernte darauf Siegfried kennen und lieben. Siegfried hat einen

2-jährigen Sohn – Benno – und zog mit ihm zu Annika und Marie. Marlene, die Mutter von Benno – lebt zusammen mit Gunther und kümmert sich nahezu nicht um Benno, denn sie arbeitet als Diplomkauffrau „rund um die Uhr“. 4 Monate nach dem Kennenlernen heirateten Annika und Siegfried. Kurz nach der Hochzeit machten sie sich – im Hinblick auf anstehende Entscheidungen bei den Kindern (Kindergarten, Schule u.s.w.) – Gedanken, wer eigentlich das Sorgerecht über Marie und Benno hat. Siegfried, der ein paar Semester Jura studiert hatte, erinnerte sich an § 1626a Abs. 1 Nr. 2 BGB und sagte zu Annika: „ Alles klar – oder?“. Annika und Siegfried wenden sich an Sie und fragen:

3.1 Wer hat das Sorgerecht über Marie?

3.2 Wer hat das Sorgerecht über Benno?

Hinweis zur Frage 1: § 383 Abs. 1 Nr. 3 ZPO lautet:

(1) Zur Verweigerung des Zeugnisses sind berechtigt:
...
3. diejenigen, die mit einer Partei in gerader Linie verwandt oder verschwägert, in der Seitenlinie bis zum dritten Grad verwandt oder bis zum zweiten Grad verschwägert sind oder waren;
...

(Hinweis: Begründen Sie Ihre Antworten an Hand der einschlägigen Vorschriften. Gehen Sie bitte davon aus, dass alle Angaben im Sachverhalt zutreffen, etwaige weitere Ermittlungen ergeben keine neuen Erkenntnisse.)

Gliederung zur Klausurlösung 5

Themengebiete: Verwandtschaft, Voraussetzungen für Hilfe zur Erziehung, Sorgerecht

1. Ansgar möchte wissen, ob er ein Zeugnisverweigerungsrecht nach § 383 Abs. 1 Nr. 3 ZPO hat?

Voraussetzung: Ansgar – Charlotte – verschwägert nach § 1590 Abs. 1 BGB?

- Ehegatte von Charlotte ist Georg, Ansgar – mit Georg verwandt nach § 1589 Satz 1, 2 BGB?
  - Georg – Bruder von Ansgar, Verwandtschaft in gerader Linie (-), keine Abstammung voneinander
  - Verwandtschaft in der Seitenlinie (+), Abstammung von einer gemeinsamen dritten Person (Mutter oder Vater von Ansgar und Georg)

in der Seitenlinie bis zum 2. Grad verschwägert?

- § 1590 Abs. 1 Satz 2 BGB: die Linie und der Grad der Schwägerschaft bestimmt sich nach der Linie und dem Grade der sie vermittelnden Verwandtschaft.
- Georg und Ansgar – in Seitenlinie verwandt (s.o.) – in welchem Grad?
  - § 1589 Satz 3 BGB, der Grad der Verwandtschaft bestimmt sich nach dem Grad der sie vermittelnden Geburten. Relevante Geburten sind die von Ansgar und Georg, die Geburten der Mutter (oder des Vaters) werden nicht mitgezählt. Also: im 2. Grad in der Seitenlinie verwandt.

Ergebnis: Aufgrund der Seitenlinienverwandtschaft im 2. Grad nach § 1589 Satz 2 und 3 BGB sind Ansgar und Charlotte in der Seitenlinie im 2. Grad verschwägert; Ansgar hat demnach ein Zeugnisverweigerungsrecht.

2. Liegen die Voraussetzungen für eine Hilfe zur Erziehung vor?

§ 27 Abs. 1 SGB VIII

- Antrag der Mutter (§ 1626a Abs. 3 BGB – allein Sorgeberechtigte)?
  - ausdrücklich (-), die Mutter zeigt sich im Gespräch kooperativ; es kann daher davon ausgegangen werden, dass sie ggf. einen Antrag stellen wird.
- Eine dem Wohl des Kindes oder Jugendlichen entsprechende Erziehung ist nicht gewährleistet.
  - Erziehungsdefizite, die nicht durch die Personensorgeberechtigten behoben werden.
  - Hier: Allein durchschnittlich 1 Stunde fernsehen bei 6-Jähriger erscheint nicht als Kindeswohl beeinträchtigend, vielmehr kann dies auch zum Wohlbefinden von Gabi beitragen; Ursache für die Konzentrationsmängel können auch andere Gründe (z.B. entwicklungsbedingte Ursachen) sein; ein erzieherisches Einwirken der Eltern ist nicht zwingend erforderlich; es besteht kein Erziehungsdefizit.

Ergebnis: Da kein Erziehungsdefizit vorliegt, erübrigt sich die Prüfung der Frage, ob Hilfen für die Erziehung geeignet und notwendig sind. Die Voraussetzungen des § 27 SGB VIII liegen nicht vor.

3.1 Wer hat das Sorgerecht über Marie?

§§ 1626 Abs. 1, 1626a Abs. 1 Nr. 2 BGB: da Siegfried nicht der Vater von Marie ist, kommen diese Vorschriften nicht in Betracht.

§ 1626 Abs. 1 BGB – Annika und Peter beide gemeinsam? (-), denn beide sind nicht verheiratet (Umkehrschluss aus §§ 1626, 1626a BGB), kein § 1626a Abs. 1 Nr. 1 BGB, denn Sorgeerklärungen liegen nicht vor und auch § 1626a Abs. 1 Nr. 3, Abs. 2 BGB (-), denn ein Antrag beim Familiengericht wurde bisher nicht gestellt.

Ergebnis: § 1626a Abs. 3 BGB: Annika hat das Sorgerecht über Marie alleine.

3.2 Wer hat das Sorgerecht über Benno?

Entsprechende Überlegungen zu §§ 1626 Abs. 1, 1626a Abs. 1 Nr. 2 BGB gelten für Annika und Siegfried (hier ist Annika nicht die Mutter von Benno).

§§ 1626 Abs. 1, 1626a Abs. 1 Nr. 1 BGB – Sorgerecht von Siegfried und Marlene? (-), denn er ist weder mit Marlene verheiratet noch liegen Sorgeerklärungen vor; auch ist ein Antrag nach § 1626a Abs. 1 Nr. 3, Abs. 2 BGB nicht gestellt.

Ergebnis: Gemäß § 1626a Abs. 3 BGB hat Marlene das Sorgerecht über Benno alleine; daran ändert nichts die Tatsache, dass sie sich um Benno nahezu nicht kümmert, das Sorgerecht ist ihr bisher nicht entzogen worden.

Ausformulierte Lösung zur Klausur 5

1. Ansgar möchte wissen, ob er ein Zeugnisverweigerungsrecht nach § 383 Abs. 1 Nr. 3 ZPO hat?

Voraussetzung für ein Zeugnisverweigerungsrecht von Ansgar nach § 383 Abs. 1 Nr. 3 ZPO ist zunächst, dass Ansgar und Charlotte nach § 1590 Abs. 1 BGB verschwägert sind. Charlotte ist die Ehefrau von Georg; zu prüfen ist, ob Ansgar mit Georg nach § 1589 Satz 1 BGB verwandt ist. Da Ansgar und Georg Brüder sind und damit nicht voneinander abstammen, scheidet eine Verwandtschaft in gerader Linie aus. Da beide aber von ihrer Mutter (oder ihrem Vater) und damit von einer gemeinsamen dritten Person abstammen, besteht eine Verwandtschaft in der Seitenlinie.

Ein Zeugnisverweigerungsrecht nach § 383 Abs. 1 Nr. 3 ZPO besteht aber nur, wenn Ansgar und Charlotte in der Seitenlinie bis zum 2. Grad verschwägert sind. Gemäß § 1590 Abs. 1 Satz 2 BGB bestimmen sich die Linie und der Grad der Schwägerschaft nach der Linie und dem Grad der sie vermittelnden Verwandtschaft, wobei sich gemäß § 1589 Satz 3 BGB der Grad der Verwandtschaft nach dem Grad der sie vermittelnden Geburten bestimmt. Relevant sind die Geburten von Ansgar und Georg, die Geburt ihrer Mutter (oder ihres Vaters) wird nicht mitgezählt.[37] Infolgedessen sind Ansgar und Georg im 2. Grad in der Seitenlinie verwandt.

Ergebnis. Aufgrund der Seitenlinienverwandtschaft im 2. Grad sind Ansgar und Charlotte in der Seitenlinie im 2. Grad verschwägert und Ansgar hat demnach ein Zeugnisverweigerungsrecht.

2. Liegen die Voraussetzungen für eine Hilfe zur Erziehung vor?

Ein Anspruch auf Hilfe zur Erziehung setzt zunächst den Antrag[38] eines Personensorgeberechtigten eines Kindes (Gabi gemäß § 7 Abs. 1 Nr. 1 SGB VIII) voraus. Zwar hat Gabis Mutter einen solchen Antrag bisher nicht ausdrücklich gestellt, jedoch hat sie sich im Gespräch kooperativ gezeigt und insofern kann davon ausgegangen werden, dass sie ggf. einen Antrag stellen wird.

Weiterhin müsste eine dem Wohl von Gabi entsprechende Erziehung nicht gewährleistet sein. Dies setzt ein vorhandenes oder bevorstehendes Erziehungsdefizit voraus, welches von den Personensorgeberechtigten nicht behoben wird.[39] Diese Mangellage ist am Ziel der Erziehung, d.h. an der Gewährleistung des Kindeswohls zu messen.[40] Die Tatsache, dass Gabi durchschnittlich 1 Stunde täglich fernsieht, steht nicht im Konflikt mit der Gewährleistung des Kindeswohls, d.h. erscheint nicht als das Kindeswohl beeinträchtigend, denn ein solches Verhalten kann auch zum Wohlbefinden von Gabi beitragen. Ursache für die Konzentrationsmängel können auch andere Gründe wie z.B. entwicklungsbedingte Ursachen sein. Ein erzieherisches Einwirken der Erziehungsberechtigten erscheint nicht zwingend erforderlich zu sein, ein Erziehungsdefizit besteht nicht.

Ergebnis: Die Voraussetzungen für eine Hilfe zur Erziehung nach § 27 SGB VIII liegen nicht vor.

---

37 MünchKomm/Wellenhofer, BGB, § 1589 Rn. 13; a.A. Palandt/Brudermüller, BGB, § 1589 Rn. 1; PWW /Weinreich, BGB, § 1589 Rn. 3: alle Geburten zwischen den betroffenen Verwandten werden gezählt, hingegen von den betroffenen Geburten nur eine.

38 Vgl. dazu bereits oben Fußnote 17.

39 Vgl. Fischer in: Schellhorn/Fischer/Mann/Kern, SGB VIII, § 27 Rn. 22; Kunkel/Kepert in: LPK-SGB VIII, § 27 Rn. 2.

40 Vgl. Kunkel/Kepert in: LPK-SGB VIII, § 27 Rn. 5.

3.1. Wer hat das Sorgerecht über Marie?

Da Siegfried nicht der Vater von Marie ist, scheidet ein gemeinsames Sorgerecht von Annika und Siegfried nach §§ 1626 Abs. 1, 1626a Abs. 1 Nr. 2 BGB unter dem Gesichtspunkt, dass beide einander geheiratet haben, aus. Da Annika und Peter, Maries rechtlicher Vater gemäß § 1592 Nr. 2 BGB, weder verheiratet sind noch gemeinsame Sorgeerklärungen abgegeben haben noch ein entsprechender Antrag beim Familiengericht gestellt worden ist, scheidet ein gemeinsames Sorgerecht nach §§ 1626 Abs. 1, 1626a Abs. 1 Nr. 1, 2 oder 3, Abs. 2 BGB aus.

Ergebnis: Gemäß § 1626a Abs. 3 BGB hat Annika das alleinige Sorgerecht in Bezug auf Marie.

3.2. Wer hat das Sorgerecht über Benno?

Da Annika nicht die Mutter von Benno ist, gelten die oben unter 3.1 angestellten Überlegungen zu §§ 1626 Abs. 1, 1626a Abs. 1 Nr. 2 BGB für Annika und Siegfried entsprechend. Auch scheidet ein gemeinsames Sorgerecht von Siegfried und Marlene, der Mutter von Benno, nach §§ 1626 Abs. 1, 1626a Abs. 1 Nr. 1 – 3 Abs. 2 BGB aus; beide sind weder miteinander verheiratet noch liegen Sorgeerklärungen vor noch wurde ein entsprechender Antrag beim Familiengericht gestellt.

Ergebnis: Marlene hat demnach nach § 1626a Abs. 3 BGB das Sorgerecht über Benno alleine. Daran ändert nichts die Tatsache, dass sie sich nahezu nicht um Benno kümmert, denn das Sorgerecht ist ihr bisher nicht entzogen worden.

Klausur 6: "Umgang mit Veronika sowie Gummiflitschen"

1. Die 28-jährige Angelina ist Mutter der 6-jährigen Veronika; der Vater von Veronika ist unbekannt. Vor zwei Jahren lernte sie die 25-jährige Waltraud kennen und seitdem wohnen alle zusammen in einer gemütlichen 3-Zimmerwohnung in Köln. Am Heiligen Abend des letzten Jahres passierte es: Vor der Bescherung erlitt Angelina einen schweren Schlaganfall und befindet sich seitdem in einem die freie Willensbestimmung ausschließenden Zustand der Geistestätigkeit; die behandelnden Ärzte prognostizieren, dass sich dieser Zustand nicht mehr wesentlich verändern wird. Waltraud, die einem anstrengenden Job mit Tag- und Nachtdiensten nachgeht, ist froh, dass Katrin, die 40-jährige Schwester von Angelina, sich bereit erklärt, Veronika bei sich aufzunehmen. Nun möchte aber Waltraud, dass der Kontakt zu Veronika nicht abreißt, und bittet Katrin, dass sie Veronika drei Mal die Woche nachmittags zwischen 15.00 und 17.00 Uhr abholen kann, um etwas mit ihr zu unternehmen. Katrin gibt zu bedenken, ob Waltraud überhaupt „ein Recht dazu habe“, und merkt ferner an, dass Veronika bereits an zwei Wochentagen nachmittags Termine habe; drei Mal die Woche sei zu viel.

1.1. Waltraud möchte wissen,

ob sie ein Recht hat, Veronika drei Mal die Woche nachmittags zwischen 15.00 und 17.00 Uhr abzuholen, um etwas mit ihr zu unternehmen?

1.2. Waltraud überlegt, sich über ihr Umgangsrecht beim Jugendamt beraten zu lassen.

Ist das Jugendamt für diese Beratung sachlich zuständig?

2. Heidi hat sich nach Abschluss des Studiums der Sozialen Arbeit selbstständig gemacht: Sie hat in einer größeren Einkaufsstraße in der Stadt K eine Einrichtung mit dem Namen „In Ruhe einkaufen“ eröffnet. Eltern können ihre Kinder im Alter von 2 bis 8 Jahren gegen ein Betreuungsentgelt für die Dauer ihres Einkaufs in

der Einrichtung abgeben. Eines Morgens befinden sich während der Haupteinkaufszeit 5 Kinder im Alter zwischen 4 und 7 Jahren in der Einrichtung. Nach Angaben der Eltern bei der Abgabe ihrer Kinder liegen keinerlei Auffälligkeiten vor. Auf Wunsch der Kinder dürfen diese einen Zeichentrickfilm sehen. In diesem Film zielen Zeichentrickfiguren mit Gummis auf andere Figuren mit dem Ziel, deren Augen zu treffen. Dies bringt den 7-jährigen Jörg auf die Idee, dies einmal „live" auszuprobieren. Er erinnert sich daran, dass er von der letzten Geburtstagsfeier noch einen Gummi in der Tasche hat. Heidi muss dringend zur Toilette und ermahnt die Kinder, weiter den Film zu schauen und im Übrigen keinen Unfug zu machen. Zur Sicherheit schließt sie die Eingangstür der Einrichtung ab und begibt sich auf die Toilette. Direkt danach erkennt Jörg die Chance als günstig und öffnet unter Beifallsbekundungen der anderen Kinder das zur Straßenseite gelegene Fenster. Er nimmt den Gummi aus der Tasche und zielt auf die zufällig an der Einrichtung vorbei laufende Dame Rosi. Dabei trifft er deren Auge so unglücklich, dass Rosi sofort operiert werden muss, jedoch das Auge nicht mehr gerettet werden kann. Rosi erblindet auf diesem Auge.

Rosi möchte wissen, ob sie

gegen Heidi einen Anspruch auf Schadensersatz hat (Ausführungen zur Höhe des Schadens sind nicht zu machen.)?

(Hinweis: Begründen Sie Ihre Antworten an Hand der einschlägigen Vorschriften. Gehen Sie bitte davon aus, dass alle Angaben im Sachverhalt zutreffen, etwaige weitere Ermittlungen ergeben keine neuen Erkenntnisse.)

Gliederung zur Klausurlösung 6

Themengebiete: Umgangsrecht, Zuständigkeit des Jugendamts, Haftung einer Aufsichtsperson

1.1 Hat Waltraud ein Recht, Veronika drei Mal die Woche nachmittags zwischen 15.00 und 17.00 Uhr abzuholen, um etwas mit ihr zu unternehmen?

Da Waltraud nicht die Mutter von Veronika ist, Umgangsrecht nach § 1685 Abs. 1, 2 BGB?

- Waltraud enge Bezugsperson von Veronika?
  - Hat sie tatsächliche Verantwortung für Veronika getragen? Längeres Zusammenleben mit dem Kind in häuslicher Gemeinschaft (§ 1685 Abs. 2 Satz 2 BGB)?
  - (+) Waltraud lebte 2 Jahre mit Veronika zusammen, war für sie „wie eine 2. Mutter".

- Umgangsrecht dann, wenn dies dem Wohl von Veronika dient, § 1685 Abs. 1 BGB.
  - (+), wenn die Aufrechterhaltung des Umgangs mit anderen Bezugspersonen für ihre Entwicklung förderlich ist.

    Alle Umstände sind zu berücksichtigen.
  - Aufgrund des Zusammenlebens dürfte eine engere Beziehung gewachsen sein; gerade aufgrund des „Wegfalls der Mutter" kontinuierliche Beziehung nötig; keine Anhaltspunkte, die gegen ein Umgangsrecht sprechen, also (+).
- Fraglich aber dreimal die Woche? Zu bedenken weitere Termine am Nachmittag; hier weitere Absprachen nötig; ggf. nur zweimal die Woche und jedes zweite Wochenende.

Ergebnis: Umgangsrecht besteht, Umfang muss mit dem Zeitplan von Veronika vernetzt und ggf. angepasst werden.

1.2 Ist das Jugendamt für diese Beratung sachlich zuständig?

§ 85 Abs. 1 SGB VIII, Zuständigkeit des örtlichen Trägers (- werden bestimmt nach Landesrecht, § 69 Abs. 1 SGB VIII) für

Leistungen und andere Aufgaben nach dem SGB VIII, hier § 2 Abs. 2 Nr. 2 SGB VIII – Angebote zur Förderung der Erziehung in der Familie (§ 18 Abs. 3 Satz 3 SGB VIII) – keine Zuständigkeit des überörtlichen Trägers nach § 85 Abs. 2 SGB VIII.

Innerhalb des örtlichen Trägers ist das Jugendamt sachlich zuständig (§ 69 Abs. 3 SGB VIII).

Ergebnis: Das Jugendamt ist sachlich zuständig.

2. Rosi möchte wissen, ob sie gegen Heidi einen Anspruch auf Schadensersatz hat?

§ 832 Abs. 1, Abs. 2 BGB

- Mdj. fügt Drittem einen Schaden widerrechtlich zu?
  hier: Jörg fügt Rosi widerrechtlich (s.o.) einen Körperschaden zu.
- Aufsichtspflicht über Mdj. kraft Vertrages
  hier: (+), Überlassungsvertrag Heidi mit den Eltern
- Genügen der Aufsichtspflicht

- Voraussetzungen allgemein bestimmen sich nach Alter, Eigenart, Charakter; Was würden verständige Aufsichtsführende nach vernünftigen Anforderungen an erforderlichen und zumutbaren Maßnahmen treffen, um Schädigungen Dritter abzuwenden?
- Diskussion:

  – Aufsichtsführung alleine bei 5 Kindern im Alter zwischen 4 und 7 Jahren, die keine Auffälligkeiten aufweisen (+)

  – Zeigen von Film, in dem Figuren mit Gummis auf Augen anderen Personen zielen (+), führt nicht zwangsläufig zum „Live"-Ausprobieren der Kinder.

  – Gang zur Toilette nach vorheriger Ermahnung und Belehrung und das damit verbundene kurzfristige Alleinlassen der Kinder (+), es muss nicht damit gerechnet werden, dass Kinder in dieser Altersgruppe sofort Schäden herbeiführen.

  – Daher auch keine Verpflichtung, neben dem Verschließen der Tür auch noch zu überprüfen, dass die Fenster verschlossen sind und nicht von den Kindern geöffnet werden können.

  – Heidi hat ihrer Aufsichtspflicht genügt.

Ergebnis: Rosi hat keinen Anspruch gegen Heidi aus § 832 BGB auf Schadensersatz.

Ausformulierte Lösung zur Klausur 6

1.1 Hat Waltraud ein Recht, Veronika drei Mal die Woche nachmittags zwischen 15.00 und 17.00 Uhr abzuholen, um etwas mit ihr zu unternehmen?

Da Waltraud nicht die Mutter von Veronika ist, kommt ein Umgangsrecht lediglich nach § 1685 Abs. 1, 2 BGB in Betracht.

Dann müsste sie enge Bezugsperson von Veronika sein. Dazu müsste sie tatsächliche Verantwortung für Veronika tragen oder getragen haben. Dies ist in der Regel gemäß § 1685 Abs. 2 BGB anzunehmen, wenn die Person mit dem Kind längere Zeit in häuslicher Gemeinschaft zusammengelebt hat. „Längere Zeit" ist abhängig vom Alter des Kindes und den Umständen des Einzelfalls, entscheidend ist, dass relevante Beziehungen entstanden sind.[41] Waltraud lebte 2 Jahre mit Veronika zusammen und war für sie wie eine zweite Mutter. Sie hat damit längere Zeit in häuslicher Gemeinschaft mit Veronika zusammengelebt und damit tatsächliche Verantwortung für Veronika getragen. Waltraud ist enge Bezugsperson von Veronika.

41 Vgl. PWW-Ziegler, § 1685 Rn. 3; Palandt/Götz, BGB, § 1632 Rn. 13; Münch/Komm/Hennemann, BGB, § 1685 Rn. 9.

Sie hat ein Umgangsrecht, wenn dies gemäß § 1685 Abs. 2 i.V.m. Abs. 1 BGB dem Wohl von Veronika dient. Gemäß § 1626 Abs. 3 BGB dient der Umgang dem Wohl des Kindes, wenn die Aufrechterhaltung des Umgangs mit anderen Bezugspersonen für seine Entwicklung förderlich ist, wobei alle Umstände zu berücksichtigen sind. Aufgrund des Zusammenlebens dürfte eine enge Beziehung gewachsen sein. Gerade aufgrund des krankheitsbedingten Wegfalls der Mutter erscheint eine kontinuierliche Beziehung nötig; es bestehen keinerlei Anhaltspunkte, die gegen ein Umgangsrecht sprechen würden. Insofern liegt auch diese Voraussetzung vor.

Fraglich ist aber, ob Waltraud ein Recht hat, Veronika 3 Mal die Woche in den von ihr vorgeschlagenen Zeiten abzuholen. Bei der hier zu treffenden Umgangsregelung ist zu bedenken, dass Veronika bereits weitere Termine am Nachmittag hat; hier sind weitere Absprachen zwischen den Beteiligten nötig.

Ergebnis: Waltraud hat ein Umgangsrecht in Bezug auf Veronika, d.h. ein Recht, Umgang mit Veronika zu pflegen. Die einzelnen Umgangszeiten müssen mit dem wöchentlichen Zeitplan von Veronika vernetzt und zwischen den Beteiligten abgesprochen werden.

1.2 Ist das Jugendamt für diese Beratung sachlich zuständig?

Das Jugendamt könnte nach §§ 85 Abs. 1, 69 Abs. 1, 3 SGB VIII sachlich zuständig sein. In Betracht kommt eine Beratung über das Umgangsrecht für Waltraud als Umgangsberechtigte nach §§ 2 Abs. 2 Nr. 2, 18 Abs. 3 Satz 3 SGB VIII, diese Voraussetzung liegt vor. Da keiner der Fälle des § 85 Abs. 2 SGB VIII einschlägig ist, ist die Zuständigkeit des überörtlichen Trägers nicht gegeben. Demnach ist der örtliche Träger, der gemäß § 69 Abs. 1 SGB VIII durch Landesrecht bestimmt wird, sachlich zuständig. Da innerhalb des örtlichen Trägers gemäß § 69 Abs. 3 SGB VIII zur Wahrnehmung der Aufgaben nach dem SGB VIII ein Jugendamt errichtet wird, lässt sich als Ergebnis festhalten, dass das Jugendamt sachlich zuständig ist.

2. Rosi möchte wissen, ob sie gegen Heidi einen Anspruch auf Schadensersatz hat?

Rosi könnte einen Schadensersatzanspruch auf Ersatz der durch die Verletzung am Auge entstandenen Schäden gegen Heidi aus § 832 Abs. 1, Abs. 2 BGB haben. Dann müsste ein Minderjähriger einem Dritten einen Schaden widerrechtlich zugefügt haben. Der 7-jährige Jörg, ein Minderjähriger, fügte Rosi durch die mit dem Gummi zugefügte Verletzung widerrechtlich einen (Körper-)

Schaden am Auge zu; Rechtfertigungsgründe für dieses Verhalten liegen nicht vor.

Zudem müsste Heidi über Jörg zur Aufsicht verpflichtet gewesen sein; aufgrund des zwischen den Eltern und ihr geschlossenen (Überlassungs-)Vertrages haben die Eltern von Jörg ihr die Aufsichtsführung für die Zeit übertragen, in der sich Jörg in Heidis Einrichtung befunden hat. Damit hat Heidi gemäß § 832 Abs. 2 BGB die Aufsichtspflicht über Jörg.

Entscheidend für den Schadensersatzanspruch ist, ob Heidi ihrer Aufsichtspflicht genügt hat. Die Voraussetzungen der Aufsichtspflicht bestimmen sich nach Alter, Eigenart, dem Charakter, den Vorerfahrungen der zu Beaufsichtigenden. Zu überlegen ist, was vernünftige Aufsichtsführende nach vernünftigen Anforderungen an erforderlichen und zumutbaren Maßnahmen treffen würden, um Schädigungen Dritter abzuwenden. Alle Umstände des jeweiligen Einzelfalls sind dabei zu berücksichtigen.[42]

Dass Heidi alleine bei den 5 Kindern im Alter zwischen 4 und 7 Jahren Aufsicht führt, erscheint als vertretbar, zumal wenn man berücksichtigt, dass die Kinder keinerlei Auffälligkeiten aufweisen. Die Tatsache, dass sie den Kindern erlaubt, einen Zeichentrickfilm zu sehen, in welchem Zeichentrickfiguren mit Gummis auf andere Figuren mit dem Ziel zielen, deren Augen zu treffen, spricht ebenfalls nicht gegen ihr Genügen der Aufsichtspflicht, denn dies muss nicht zwangsläufig zur Folge haben, dass Kinder dies „live" ausprobieren. Vertretbar erscheint zudem, dass sie sich nach vorheriger Ermahnung und Belehrung der Kinder zur Toilette begab und die Kinder insofern kurzzeitig alleine ließ. Denn bei Kindern in dieser Altersgruppe muss nicht damit gerechnet werden, dass sie bei so kurzzeitiger Abwesenheit sofort Schäden herbeiführen. Eine permanente Beobachtung erscheint nicht geboten. Aus diesen Überlegungen folgt auch, dass sie neben dem Schließen der Tür nicht noch kontrollieren musste, dass die Fenster abgeschlossen und von den Kindern nicht zu öffnen waren. Mit diesem Vorgehen von Jörg musste sie als vernünftig handelnde Aufsichtsführende nicht rechnen.

Ergebnis: Rosi hat keinen Anspruch gegen Heidi aus § 832 Abs. 1, Abs. 2 BGB auf Schadensersatz.

---

42 Vgl. dazu allgemein: Palandt/Sprau, BGB, § 832 Rn. 10 m.w.N.; Münch/Komm/Wagner, BGB, § 832 Rn. 24 ff.

Klausur 7: „Fußballstar Diego und die von Medien abgeschottete Alena"

1. Jogi und Claudi, die sich auf einer Fete anlässlich des Gewinns der deutschen Fußballmeisterschaft vor 8 Jahren kennen und lieben gelernt hatten, heirateten noch im gleichen Jahr und vor 7 Jahren kam Diego auf die Welt. Die folgenden Jahre verliefen in der Beziehung von Jogi und Claudi nicht wie erwartet: Vor 2 Jahren trennten sich Jogi und Claudi; Jogi zog aus der gemeinsamen Wohnung aus und Claudi blieb mit Diego dort wohnen. Jogi kann sich die Fortsetzung der Ehe mit Claudi „unter keinen Umständen" mehr vorstellen. Ein Streitpunkt zwischen beiden war vor allen Dingen der weitere Werdegang von Diego: Beide möchten, dass Diego ein Fußballstar werden solle, nur die Frage der weiteren Ausbildung auf dem Weg dorthin ist höchst strittig: Jogi möchte, das Diego so schnell wie möglich beim in der Stadt ansässigen Verein, der in der 1. Fußballbundesliga spielt, trainieren solle, Claudi hingegen möchte, das Diego bei einem Verein anfangen solle, der in der Bezirksliga spielt. Jogi meint: ein echter Fußballer müsse von Anfang an bei einem Bundesligaverein trainieren; Claudi hingegen betont, der Trainingsplatz des Bezirksligavereins sei – zutreffenderweise – viel näher zu ihrer Wohnung gelegen als das Trainingsgelände des Bundesligavereins. Im Übrigen werde sie die Entscheidung alleine treffen. Da beide sich – wie über viele andere Fragen auch – in diesem Falle nicht einigen können, begibt sich Jogi zu Ihnen, die Sie das Bachelorstudium „Soziale Arbeit" bereits erfolgreich abgeschlossen und in einer Familienberatungsstelle als SozialarbeiterIn arbeiten. Er will wissen,

1. ob Claudi die Entscheidung – Anmeldung von Diego zum Training beim Bezirksligaverein – alleine treffen kann?

Ferner bittet Jogi um eine Beratung im Hinblick auf den Umgang mit Diego. Dazu fragt er an,

2. ob er einen Anspruch auf Beratung zum Umgangsrecht hat und ggf. gegen wen?

3. Jenny und Jupp sind verheiratet und aus Überzeugung „Fernseh- und Computerresistent“; d.h. sie lehnen jeglichen Fernseh- und Computerkonsum strikt ab. Sie verfügen weder über einen Fernseher noch über einen Computer. Auch vermeiden sie gegenüber ihrer zurzeit 10-jährigen Tochter Alena, die Begriffe zu verwenden. Bitten von Alena, einen Computer und einen Fernseher anzuschaffen, werden kategorisch abgelehnt. Im Sachunterricht der 4. Klasse kündigte die Lehrerin vor zwei Monaten an, das Thema Fernseh- und Computerkonsum in der nächsten Unterrichtsreihe zu besprechen. Dagegen setzten Jenny und Jupp „alle Hebel in Bewegung“, jedoch vergeblich: trotz Einschaltung von Schulleiterin und Schulkonferenz, die den Unterrichtsplan der Lehrerin unterstützten, wurde das Thema in der Klasse von Alena ausführlich behandelt. Jedoch verweigerte Alena im Hinblick auf die Meinung ihrer Eltern jegliche Mitarbeit im Unterricht und erhielt in diesem Schuljahr im Sachunterricht die Note „mangelhaft“. Alenas Lehrerin sieht die Entwicklung von Alena mit Sorge und hält das Verhalten von Jenny und Jupp für „Kindeswohl gefährdend“. Sie wendet sich an Sie, die Sie beim zuständigen Jugendamt in K als SozialarbeiterIn arbeiten. Sie überlegen,

ob die Voraussetzungen für eine Hilfe zur Erziehung vorliegen? (Gehen Sie davon aus, dass eine Mitwirkung der Eltern nicht von vornherein ausgeschlossen ist; Angaben zu § 27 Abs. 2, 28 – 35 SGB VIII sind nicht zu machen.)

(Hinweis: Begründen Sie Ihre Antworten an Hand der einschlägigen Vorschriften. Gehen Sie bitte davon aus, dass alle Angaben im Sachverhalt zutreffen, etwaige weitere Ermittlungen ergeben keine neuen Erkenntnisse.)

Gliederung zur Klausurlösung 7

Themengebiete: Entscheidungen im Sinne von § 1687 BGB, Umgangsrecht, Hilfe zur Erziehung

1. Jogi will wissen, ob Claudi die Entscheidung – Anmeldung von Diego zum Training beim Bezirksligaverein – alleine treffen kann?

Alleinentscheidung nach § 1687 Abs. 1 Satz 2, 3 BGB?

- Eltern steht die elterliche Sorge gemeinsam zu – § 1626 Abs. 1 BGB?
  - Jogi und Claudi – Eltern von Diego (§§ 1591, 1592 Nr. 1 BGB)
  - Zum Zeitpunkt der Geburt von Diego miteinander verheiratet (+), also steht ihnen die elterliche Sorge gemeinsam zu.
- Getrenntleben von Jogi und Claudi? (+)
  - § 1567 Abs. 1 BGB, Auszug von Jogi und Ablehnung der Fortsetzung der ehelichen Gemeinschaft

- Kind hält sich mit Zustimmung des anderen Elternteils bei einem Elternteil auf? (+)
  - Diego lebt mit Einverständnis von Jogi bei Claudi.
- Anmeldung zum Training bei Bundesliga- oder Bezirksligaverein – Angelegenheit des täglichen Lebens – § 1687 Abs. 1 Satz 2 BGB?
  - Angelegenheit, die häufig vorkommt – § 1687 Abs. 1 Satz 3 BGB?
  - Angelegenheit betrifft die Freizeitgestaltung von Diego.

    Kommt häufig vor – (+)
  - Entscheidung: keine schwer abzuändernde Auswirkung auf die Entwicklung des Kindes – oder Entscheidung von erheblicher Bedeutung – § 1687 Abs. 1 Satz 1 und 3 BGB?
  - Diskussion: Die Entscheidung, bei welchem Verein Diego trainieren soll, dürfte keine schwer abzuändernde Auswirkung auf die Entwicklung des Kindes haben. Bei beiden Vereinen wird ein Training angeboten und es steht nicht von vorneherein fest, ob bei einem in Ligen erfolgreicherem Verein die Aufstiegschancen als wesentlich besser zu bewerten sind.

Ergebnis: Die Entscheidung über die Anmeldung zum Training beim Bezirksligaverein kann Claudi alleine treffen.

2. Jogi fragt an, ob er einen Anspruch auf Beratung zum Umgangsrecht hat und ggf. gegen wen?

Anspruch auf Beratung zum Umgangsrecht folgt aus § 18 Abs. 3 Satz 3 SGB VIII; Jogi ist Diegos Vater; die Voraussetzungen für den Beratungsanspruch liegen vor.

Der Anspruch besteht gegenüber dem öffentlichen Träger der Jugendhilfe gemäß § 3 Abs. 2 Satz 2 SGB VIII; es handelt sich um eine Leistung im Sinne von § 2 Abs. 2 Nr. 2 SGB VIII.

Ergebnis: Jogi hat einen Anspruch auf Beratung zum Umgangsrecht gegenüber dem Jugendamt.

3. Sie überlegen, ob die Voraussetzungen für eine Hilfe zur Erziehung vorliegen? (Gehen Sie davon aus, dass eine Mitwirkung der Eltern nicht von vornherein ausgeschlossen ist; Angaben zu § 27 Abs. 2, 28 – 35 SGB VIII sind nicht zu machen).

§ 27 Abs. 1 SGB VIII

- Antrag der Eltern – Personensorgeberechtigte gemäß § 7 Abs. 1 Nr. 5 SGB VIII i.V.m. § 1626 BGB eines Kindes, § 7 Abs. 1 Nr. 1 SGB V – noch (-), da aber Mitwirkung der Eltern nicht ausgeschlossen, Antrag (+).

- Eine dem Wohl des Kindes/Jugendlichen entsprechende Erziehung ist nicht gewährleistet?
  - Vorliegen eines nicht unerheblichen Erziehungsdefizites?

    Vorliegen einer Mangellage – zu messen am Ziel der Erziehung, d.h. der Gewährleistung des Kindeswohls

    Ziel – Entwicklung der eigenverantwortlichen und gemeinschaftsfähigen Persönlichkeit (§ 1 Abs. 1 SGB VIII)
  - Diskussion:

    Gegen ein Erziehungsmanko:

    – Kommunikation und Teilhabe am gesellschaftlichen Leben auch ohne beide Medien möglich – z.B. Beschaffung über Printmedien

    – Alena erst 10 Jahre – kann Zugang zu Fernsehen und Computer im Hinblick auf Einfluss z.B. von Mitschülern noch später erwerben.

    Für ein Erziehungsmanko:

    – Erwerb von Medienkompetenz (verantworteter Umgang mit Fernsehen und Computer) in der heutigen Gesellschaft – Schlüsselkompetenz in Bezug auf Kommunikation/Teilnahme am gesellschaftlichen Leben, Schulen setzen zunehmend Computer basierte Unterrichtsmaterialien ein.

    – Nichtheranführung an diese Medien nicht nur unerheblich

    – Grundbedürfnis im Bereich der geistigen und sozialen Bildung, welches erfüllt werden muss.

    – Strikte Nichtbenutzung von Computer und Fernsehen schneidet Alena in diesem Bereich von Gleichaltrigen ab.

    Insgesamt Argumente für Erziehungsdefizit (+)
- Hilfe – geeignet und notwendig

Ergebnis: Die Voraussetzungen für eine Hilfe zur Erziehung liegen vor.

Ausformulierte Lösung zur Klausur 7

1. *Jogi will wissen, ob Claudi die Entscheidung – Anmeldung von Diego zum Training beim Bezirksligaverein – alleine treffen kann?*

Möglicherweise kann Claudi die Entscheidung, Diego beim Bezirksligaverein zum Training anzumelden, nach § 1687 Abs. 1 Sätze 2 und 3 BGB alleine treffen.

Jogi und Claudi sind nach §§ 1591, 1592 Nr. 1 BGB rechtliche Eltern von Diego; beide waren zum Zeitpunkt der Geburt von Diego verheiratet. Infolgedessen steht ihnen auch die elterliche Sorge nach § 1626 Abs. 1 BGB gemeinsam zu. Ferner müssten sie getrennt leben i.S.v. § 1567 Abs. 1 BGB. Danach leben Ehegatten getrennt, wenn zwischen ihnen keine häusliche Gemeinschaft besteht und ein Ehegatte sie erkennbar nicht herstellen will, weil er die eheliche Lebensgemeinschaft ablehnt. Jogi ist aus der gemeinsamen Wohnung ausgezogen und lehnt die Fortsetzung der ehelichen Gemeinschaft ab, auch diese Voraussetzung liegt vor. Zudem hält sich Diego mit dem Einverständnis von Jogi und damit mit Zustimmung des anderen Elternteils bei einem Elternteil, d.h. bei Claudi auf.

Entscheidend ist, ob die Anmeldung zum Training beim Bezirksligaverein eine Angelegenheit des täglichen Lebens im Sinne von § 1687 Abs. 1 Satz 2 BGB mit der Folge darstellt, dass Claudi diese Entscheidung alleine treffen könnte. Angelegenheiten des täglichen Lebens sind gemäß § 1687 Abs. 1 Satz 3 BGB in der Regel solche, die häufig vorkommen. Die Anmeldung zum Training bei einem Fußballclub betrifft die Freizeitgestaltung von Diego und Entscheidungen darüber kommen häufig vor.[43] Ferner darf es sich gemäß § 1687 Abs. 1 Satz und 3 BGB nicht um eine Entscheidung handeln, die schwer abzuändernde Auswirkungen auf die Entwicklung des Kindes hat, bzw. eine Entscheidung von erheblicher Bedeutung ist.

Zu bedenken ist, dass bei beiden Vereinen ein Training angeboten wird und sich nicht sicher voraussagen lässt, ob bei einem in der jeweiligen Liga erfolgreicherem Verein die Aufstiegschancen eines jungen Spieler wesentlich besser zu bewerten sind. Auch ist ein späterer Wechsel zum anderen Verein nicht ausgeschlossen, sollte sich Diego z.B. bei dem Verein, wo er sein Training beginnt, nicht wohlfühlen. Insgesamt stellt die Entscheidung, bei welchem Verein Diego trainieren sollte, keine Entscheidung von wesentlicher Bedeutung dar; sie hat keine schwer abzuändernden Auswirkungen auf die Entwicklung von Diego.

Ergebnis: Die Entscheidung über die Anmeldung von Diego zum Training bei einem Bezirksligaverein kann Claudi alleine treffen.

2. *Jogi fragt an, ob er einen Anspruch auf Beratung zum Umgangsrecht hat und ggf. gegen wen?*[44]

Da Jogi der rechtliche Vater von Diego ist, folgt der Anspruch auf Beratung zum Umgangsrecht aus § 18 Abs. 3 Satz 3 SGB VIII, wonach (rechtliche) Eltern einen

43 Angemessen erscheint hier, nicht auf die Anmeldung zum Training abzustellen, sondern auf eine andere Kategorie – Freizeitgestaltung. Andernfalls wäre jede einzelne Freizeitgestaltungsmaßnahme keine Angelegenheit des täglichen Lebens, denn die meisten kommen nicht häufig vor; zur Freizeitgestaltungsmaßnahmen im Rahmen des § 1687 BGB vgl. Münch/Komm/Hennemann, BGB, § 1687 Rn. 10; Palandt/Götz, BGB, § 1687 Rn. 7.

44 Da diese Frage keinerlei rechtliche Probleme bietet, kann sie kurz und knapp – im Urteilsstil – beantwortet werden.

Anspruch auf Beratung und Unterstützung bei der Ausübung des Umgangsrechts haben.

Der Anspruch besteht gemäß § 3 Abs. 2 Satz 2 SGB VIII gegenüber dem öffentlichen Träger der Jugendhilfe, es handelt sich um eine Leistung im Sinne von § 2 Abs. 2 Nr. 2 BGB.

Ergebnis: Jogi hat einen Anspruch auf Beratung zum Umgangsrecht gegenüber dem Jugendamt.

3. *Sie überlegen, ob die Voraussetzungen für eine Hilfe zur Erziehung vorliegen? (Gehen Sie davon aus, dass eine Mitwirkung der Eltern nicht von vornherein ausgeschlossen ist; Angaben zu § 27 Abs. 2, 28 – 35 SGB VIII sind nicht zu machen).*

Zu prüfen ist, ob die Voraussetzungen für eine Hilfe zur Erziehung nach § 27 Abs. 1 SGB VIII vorliegen. Jenny und Jupp sind die verheirateten Eltern von Alena, einem Kind gemäß § 7 Abs. 1 Nr. 1 SGB VIII, und damit gemäß § 7 Abs. 1 Nr. 5 SGB VIII i.V.m. § 1626 Abs. 1 BGB Personensorgeberechtigte von Alena. Ein Antrag[45] auf Hilfe zur Erziehung ist bisher nicht gestellt; jedoch ist nicht von vornherein ausgeschlossen, dass beide mitwirken werden. Insofern kann davon ausgegangen werden, dass ein entsprechender Antrag gestellt werden wird.

Voraussetzung ist weiterhin, dass eine dem Wohl des Kindes entsprechende Erziehung nicht gewährleistet ist. Dies ist der Fall, wenn ein nicht nur unerhebliches Erziehungsdefizit vorliegt, welches von den Personensorgeberechtigten nicht behoben wird. Entscheidend ist das Vorliegen einer Mangellage, die am Ziel der Erziehung, d.h. der Gewährleistung des Kindeswohls zu messen ist. Haupterziehungsziel dabei ist gemäß § 1 Abs. 1 SGB VIII die Entwicklung einer eigenverantwortlichen und gemeinschaftsfähigen Persönlichkeit.[46]

Gegen das Vorliegen eines Erziehungsdefizites spricht, dass Kommunikation und Teilhabe auch ohne Fernseh- und Internetkonsum z.B. durch Beschaffung über Printmedien möglich ist. Zudem ist Alena erst 10 Jahre alt und weiterer Einfluss z.B. von ihren Mitschülern kann noch später dazu führen, dass sie den Zugang zu Fernsehen und Computer erwirbt.

Für die Annahme eines Erziehungsmankos spricht, dass der schon frühzeitige Erwerb von Medienkompetenz, d.h. das Erlernen eines verantworteten Umgangs mit Fernsehen und Computer, in der heutigen Gesellschaft eine Schlüsselkompe-

---

45 Vgl. dazu bereits Fußnote 17.

46 Vgl. Schmid-Obkirchner in: Wiesner, SGB VIII, § 27 Rn. 20; Kunkel/Kepert in: LPK-SGB VIII, § 27 Rn. 2; vgl. auch Tammen/Trenczek in: FK-SGB VIII, § 27 Rn. 8.

tenz in Bezug auf Kommunikation/Teilnahme am gesellschaftlichen Leben darstellt. Schulen setzen zunehmend Computer basierte Lehrmaterialien ein und eine gewisse Vertrautheit mit den neuen Medien wird erwartet. Das Nichtheranführen von Kindern an diese Medien kann insofern nicht als unerheblich bezeichnet werden. Es stellt ein Grundbedürfnis im Bereich der geistigen und sozialen Bildung dar, welches erfüllt werden muss. Zudem wird Alena in Folge der strikten Nichtbenutzung von Fernsehen und Computer in diesem Bereich von anderen gleichaltrigen Altersgenossen ausgeschlossen, was die soziale Entwicklung nicht unerheblich beeinträchtigt. Verantwortete Erziehungsberechtigte würden diese Folgen vermeiden wollen. Insgesamt überwiegen die Argumente für das Vorliegen eines Erziehungsdefizites.

Im Hinblick darauf ist eine Hilfe, die zur Beseitigung des Defizits geeignet ist, notwendig; auch diese Voraussetzung liegt vor.

Ergebnis: Die Voraussetzungen für eine Hilfe zur Erziehung nach § 27 Abs. 1 SGB VIII liegen vor.

3.2 Vier Klausuren für Bachelorstudiengänge im Bereich Bildung und Erziehung im Kindesalter (Bearbeitungszeit 45 Minuten)

Klausur 1: „Charlie und die Alkopops"

Marie und Klaus leben seit 5 Jahren in nichtehelicher Lebensgemeinschaft zusammen. Beide arbeiten in Vollzeitjobs „mit vollem Einsatz". Zeit für ihren Sohn Charlie, der vor 13 Jahren geboren wurde, haben sie – wenn überhaupt – nur am Wochenende. Charlie besucht zurzeit die 8. Klasse in der Realschule. Seit etwa 3 Monaten „läuft sein Leben nicht mehr rund": Charlie geriet in eine Clique, die sich regelmäßig abends trifft und Alkohol (Biermixgetränke, aber auch Alkopops) konsumiert. Seinen Eltern gegenüber sagte er, die Clique sei seine Familie und er fühle sich dort rundum aufgehoben und zum ersten Mal in seinem Leben voll und ganz akzeptiert. Die letzten Klassenarbeiten hat er im Schnitt um 2 Notenstufen schlechter geschrieben; die Versetzung ist aber noch nicht gefährdet. Sie, die Sie das Studium der Bildung und Erziehung im Kindesalter erfolgreich absolviert haben, arbeiten im Jugendamt. Charlies Lehrerin sprach sie an, und wies darauf hin, dass Charly sich negativ entwickle. Sie bat um weitere Veranlassung. Sie überlegen:

1. Mit Blick auf etwaige Maßnahmen nach § 8a SGB VIII: Liegt eine Kindeswohlgefährdung in Bezug auf Charlie vor?

2. Sie möchten mit Charlie ein Gespräch führen. Müssen bzw. dürfen oder können Sie die Eltern darüber informieren?

3. Marie wendet sich ans Jugendamt und bittet in ihrem Fall um eine Erziehungsberatung. Hat sie darauf einen Anspruch aus § 1 Abs. 3 Nr. 2 SGB VIII?

(Hinweis: Begründen Sie Ihre Antworten an Hand der einschlägigen Vorschriften. Gehen Sie bitte davon aus, dass alle Angaben im Sachverhalt zutreffen, etwaige weitere Ermittlungen ergeben keine neuen Erkenntnisse.)

Gliederung zur Klausurlösung 1

Themengebiete: Kindeswohlgefährdung, Elterninformation, Erziehungsberatung

1. Mit Blick auf etwaige Maßnahmen nach §§ 8a SGB VIII, 1666 BGB: Liegt eine Kindeswohlgefährdung in Bezug auf Charlie vor?

Kindeswohlgefährdung: gemeint ist die Gefährdung des körperlichen, seelischen oder geistigen Wohls.

Kindeswohlgefährdung (+), sofern eine gegenwärtige Gefahr in einem solchen Maße besteht, dass sich bei ungehinderten weiterem Verlauf bei der weiteren Entwicklung des Kindes eine erhebliche (schwere, massive) Schädigung mit ziemlicher Sicherheit voraussehen lässt.

– Diskussion: Alkoholkonsum seit etwa 3 Monaten bei abendlichen Treffen (Bier, Schnäpse); schulische Leistungen – nicht unerheblich nachgelassen

Aber: Mengen des Alkoholkonsums nicht bekannt, schulische Leistungen noch nicht in einem unerträglichen Maße abgefallen

Insofern: letzte Sicherheit (-), ob tatsächlich erhebliche, massive Schädigung mit ziemlicher Sicherheit eintreten wird.

Ergebnis: Eine Kindeswohlgefährdung von Charlie i.S.d. § 8a SGB VIII (sowie des § 1666 BGB) liegt (noch) nicht vor.

2. Sie möchten mit Charlie ein Gespräch führen. Müssen bzw. dürfen oder können Sie die Eltern darüber informieren?

Art. 6 Abs. 2 Satz 1GG: Anspruch der Eltern auf Information über alles, was mit ihrem Kind besprochen wird.

Aber: § 8 Abs. 3 SGB VIII: Danach Beratung ohne Kenntnis der Erziehungsberechtigten möglich, wenn die Beratung aufgrund einer Konfliktlage erforderlich ist und solange durch die Mitteilung an den Personensorgeberechtigten der Beratungszweck vereitelt würde.

– Diskussion: Zurzeit keine Anhaltspunkte dafür, dass Konfliktlage besteht und durch Mitteilung an den PSB der Beratungszweck vereitelt würde. Insofern Mitteilungsverpflichtung gegenüber den Eltern. (Ergeben sich im Gespräch andere Gesichtspunkte, die die Voraussetzungen des § 8 Abs. 3 SGB VIII begründen würden, könnte die Beratung danach auch ohne die Eltern stattfinden.)

Ergebnis: Zurzeit besteht eine Mitteilungsverpflichtung über das Gespräch.

3. Marie wendet sich ans Jugendamt und bittet in ihrem Fall um eine Erziehungsberatung. Hat sie darauf einen Anspruch aus § 1 Abs. 3 Nr. 2 SGB VIII?

Da § 1 Abs. 3 Nr. 2 SGB VIII lediglich eine Norm darstellt, die Ziele formuliert, jedoch keine Ansprüche gewährt, besteht kein Anspruch aus dieser Norm auf Erziehungsberatung.

Ausformulierte Lösung zur Klausur 1

1. Mit Blick auf etwaige Maßnahmen nach §§ 8a SGB VIII, 1666 BGB: Liegt eine Kindeswohlgefährdung in Bezug auf Charlie vor?

Eine Kindeswohlgefährdung in Bezug auf Charlie liegt vor, wenn eine gegenwärtige Gefahr in einem solchen Maße besteht, dass bei ungehindertem weiteren Verlauf hinsichtlich der weiteren Entwicklung von Charlie mit einer massiven Schädigung des körperlichen, geistigen oder seelischen Wohls des Kindes mit ziemlicher Sicherheit gerechnet werden muss.[47] Zwar konsumiert Charlie seit etwa 3 Monaten bei abendlichen Treffen in seiner Clique alkoholische Getränke wie Bier und Schnäpse und die schulischen Leistungen haben bereits nicht unerheblich nachgelassen. Zu berücksichtigen ist aber, dass über die Mengen des Alkoholkonsums nichts Genaues bekannt ist. Auch sind die schulischen Leistungen noch nicht in einem unerträglichen Maße abgefallen. Zudem sind die Eltern von Charlie bisher nicht eingebunden worden und es kann nicht ausgeschlossen werden, dass sie sich zur Mitwirkung bereit erklären und mithelfen werden, dass Charlie sein Verhalten in Bezug auf den Alkoholkonsum verändern wird. Insgesamt kann daher nicht mit letzter Sicherheit festgestellt werden, ob tatsächlich eine erhebliche, massive Schädigung mit ziemlicher Sicherheit eintreten wird.

Ergebnis: Eine Kindeswohlgefährdung von Charlie im Sinne des § 8a SGB VIII (sowie des § 1666 Abs. 1 BGB) liegt (noch) nicht vor.

2. Sie möchten mit Charlie ein Gespräch führen. Müssen bzw. dürfen oder können Sie die Eltern darüber informieren?

Grundsätzlich ist zu beachten, dass Eltern gemäß Art. 6 Abs. 2 Satz 1 GG einen Anspruch gegenüber dem Jugendamt auf Information über alles Wesentliche, was

47 Vgl. bereits oben Fußnote 25.

mit ihren Kindern besprochen wird, haben.[48] Jedoch ist im Bereich der Kinder- und Jugendhilfe § 8 Abs. 3 SGB VIII zu beachten. Danach können Kinder- und Jugendliche ohne Kenntnis der Personensorgeberechtigten beraten werden, wenn die Beratung aufgrund einer Not- und Konfliktlage erforderlich ist und solange durch die Mitteilung an den Personensorgeberechtigten der Beratungszweck vereitelt würde.[49]

Zurzeit bestehen keine Anhaltspunkte dafür, dass eine Not- und Konfliktlage besteht und durch eine Mitteilung des Gespräches an die Eltern der Beratungszweck vereitelt würde. Ergäben sich diese in dem Gespräch, könnte von diesem Zeitpunkt an eine Beratung ohne Wissen der Eltern erfolgen. Mangels entsprechender Anhaltspunkte liegen jedoch zurzeit die Voraussetzungen der Ausnahmevorschrift des § 8 Abs. 3 SGB VIII nicht vor.

Ergebnis: Sie müssen die Eltern über Ihr Vorhaben, mit Charlie ein Gespräch zu führen, informieren.

3. *Marie wendet sich ans Jugendamt und bittet in ihrem Fall um eine Erziehungsberatung. Hat sie darauf einen Anspruch aus § 1 Abs. 3 Nr. 2 SGB VIII?*

Ein Anspruch aus § 1 Abs. 3 Nr. 2 SGB VIII setzte voraus, dass diese Vorschrift überhaupt einen Anspruch, d.h. ein subjektiv öffentliches Recht gewährt. Trotz des Wortlauts der Vorschrift („Jugendhilfe soll … Eltern und andere Erziehungsberechtigte bei der Erziehung beraten…") wird diese Vorschrift nach allgemeiner Meinung nicht als Anspruchsgrundlage, sondern lediglich als Programmnorm ausgelegt, die Ziele des Gesetzgebers formuliert.[50] Anspruchsgrundlagen finden sich hingegen im weiteren Verlauf des SGB VIII wie z.B. in §§ 27, 28 SGB VIII.

Ergebnis: Marie hat keinen Anspruch auf eine Erziehungsberatung aus § 1 Abs. 3 Nr. 2 SGB VIII.

48 Vgl. BVerfG, Urteil v. 9.2.1982, 1 BvR 845/79, BVerfGE 59, 360 ff.; Wiesner, SGB VIII, § 8 Rn. 43.

49 Vgl. dazu allgemein Kunkel/Kepert in: LPK-SGB VIII, § 8 Rn. 19 ff.; Wiesner, SGB VIII, § 8 Rn. 41 ff.; Meysen in: FK-SGB VIII, § 8 Rn. 9 ff.

50 Vgl. BT-Drs. 11/5948, S. 47; Münder in: FK-SGB VIII, vor Kap. 1 Rn. 7, § 1 Rn. 1; Kunkel/Kepert in: LPK-SGB VIII, § 1 Rn. 1; Kern in: Schellhorn/Fischer/Mann/Kern, SGB VIII, § 1 Rn. 1.

Klausur 2: „Übermüdete Svenja in der Kita und Benno ohne Kita-Platz"

1. Sie sind als Gruppenleiterin in der Städtischen Kindertagesstätte der Stadt Köln in einer Kindergartengruppe tätig. In Ihrer Gruppe befindet sich die 6-jährige Svenja. Sie wurde als jüngstes Kind der Eheleute Josef und Maria Schmitz geboren. Herr Schmitz arbeitet rund um die Uhr als Wirtschaftsprüfer und Frau Schmitz kümmert sich in erster Linie um den Haushalt und die drei Kinder (Svenja, Robert, 8 Jahre alt, und Peter, 12 Jahre alt). Ihnen fällt auf, dass Svenja seit einiger Zeit morgens immer sehr müde erscheint und sich kaum konzentrieren kann. Bastelangebote bricht sie nach kurzer Zeit ab; auch Angebote, mit anderen Kindern zu spielen, lehnt sie zunehmend ab und verkrümelt sich in eine Raumecke und bittet, in Ruhe gelassen zu werden. In der letzten Woche gelang es Ihnen, mit Svenja ins Gespräch zu kommen. Sie berichtete Ihnen, dass es ihr zu Hause nicht mehr gefallen würde; jeden Tag müsse sie sich um alles selbst kümmern, ihre Mutter trinke häufig Bier und liege den ganzen Tag auf dem Sofa rum. Ihre Brüder säßen ständig vor dem Computer und sie wisse nicht, was sie am Nachmittag weiter tun solle. Darauf versuchen Sie eine Kontaktaufnahme mit Frau Schmitz, die das Vorbringen von Svenja in einem Telefonat bestätigt und erklärt, sie sei bereit, an einer Verbesserung der Situation mitzuwirken. Dies gelte auch für ihren Mann. Sie stellen sich nun folgende Fragen:

Liegen die Voraussetzungen für eine Hilfe zur Erziehung nach § 27 Abs. 1 SGB VIII vor? (Hinweis: Angaben ggf. dazu, welche Hilfe konkret in Betracht käme (§ 27 Abs. 2, §§ 28 – 35 SGB VIII) und Ausführungen zur Zuständigkeit des Jugendamtes sind nicht zu machen.)

2. Im Platzvergabeverfahren für das neue Kindergartenjahr wird die Aufnahme des 4-jährigen Benno von der Katholischen Kirchengemeinde St. Bonifatius in Bezug auf ihre Integrative Kindertagesstätte „Wilde Bären" in Bonn ohne Begründung abgewiesen. Die Eltern von Benno reklamieren einen „Anspruch auf

einen Kindergartenplatz, den man doch heute habe, das ergebe sich doch aus dem KiBiz“, und wenden sich an Sie mit folgenden Fragen:

2.1 Ist die o.a. Aussage zutreffend?

2.2 Besteht dieser Anspruch gegenüber der Katholischen Kirchengemeinde St. Bonifatius in Bezug auf ihre Integrativen Kindertagesstätte „Wilde Bären“?

(Hinweis: Begründen Sie Ihre Antworten an Hand der einschlägigen Vorschriften. Gehen Sie bitte davon aus, dass alle Angaben im Sachverhalt zutreffen, etwaige weitere Ermittlungen ergeben keine neuen Erkenntnisse.)

Gliederung zur Klausurlösung 2

Themengebiete: Hilfe zur Erziehung, Anspruch auf Kindergartenplatz

1. Liegen die Voraussetzungen für eine Hilfe zur Erziehung nach § 27 Abs. 1 SGB VIII vor? (Hinweis: Angaben dazu, welche Hilfe konkret in Betracht käme (§ 27 Abs. 2, §§ 28 – 35 SGB VIII) und Ausführungen zur Zuständigkeit des Jugendamtes sind nicht zu machen.)

§ 27 Abs. 1 Satz 1 SGB VIII

- Antrag der Eltern als Personensorgeberechtigte (§ 7 Abs. 1 Nr. 5 SGB VIII i.V.m. § 1626 Abs. 1 BGB) von Svenja, einem Kind im Sinne von § 7 Abs. 1 Nr. 1 SGB VIII?
  - Noch nicht gestellt, aber: Mutter erklärt sich zur Mitwirkung bereit und bekundet ferner, dass dies auch für ihren Mann gelte; wahrscheinlich, dass der Antrag gestellt wird.
- Eine dem Wohl des Kindes oder Jugendlichen entsprechende Erziehung ist nicht gewährleistet.
  - Erziehungsdefizite, die nicht durch die Personensorgeberechtigten behoben werden?
  - Svenja immer übermüdet in der Kita und Konzentrationsprobleme? Eine dem (körperlichen, geistigen) Wohl von Svenja entsprechende Erziehung würde sicherstellen, dass Svenja ausreichenden Schlaf hat. Vater und Mutter kümmern sich aber nicht um Svenja; Svenja muss sich ohnehin um alles selbst kümmern, seelisches Wohl berührt, Erziehungsdefizit (+).
- Hilfe notwendig, da sich die Eltern nicht ausreichend um die Erziehung von Svenja kümmern, Hilfe auch geeignet.

Ergebnis: Sofern die Eltern einen Antrag auf Hilfe zur Erziehung stellen, liegen die Voraussetzungen für die Hilfe zur Erziehung nach § 27 Abs. 2 SGB VIII vor.

2.1 Ist die o.a. Aussage zutreffend?

Im KiBiz NRW gibt es keine Anspruchsgrundlage für einen Kindergartenplatz.

§ 24 Abs. 3 SGB VIII: nach dieser Vorschrift hat ein Kind (hier der 4-jährige Benno) einen Anspruch auf den Besuch einer Tageseinrichtung.

2.2 Besteht dieser Anspruch gegenüber der Katholischen Kirchengemeinde St. Bonifatius in Bezug auf ihre Integrativen Kindertagesstätte „Wilde Bären"?

Gemäß § 3 Abs. 2 Satz 2 SGB VIII richten sich Leistungsverpflichtungen an die Träger der öffentlichen Jugendhilfe.

- Träger der öffentlichen Jugendhilfe sind die in § 69 I SGB VIII i.V.m. Landesrecht (z.B. für NRW: gemäß § 1a Abs. 1 AG-KJHG NRW Kreise und kreisfreien Städte) genannten Träger.
- Die Katholische Kirchengemeinde St. Bonifatius ist kein der in § 69 I SGB VIII i.V.m. Landesrecht genannten Träger.

Ergebnis: Der Anspruch besteht nicht gegenüber der Katholischen Kirchengemeinde St. Bonifatius in Bezug auf ihre Integrativen Kindertagesstätte „Wilde Bären".

Ausformulierte Lösung zur Klausur 2

1. *Liegen die Voraussetzungen für eine Hilfe zur Erziehung nach § 27 Abs. 1 SGB VIII vor? (Hinweis: Angaben dazu, welche Hilfe konkret in Betracht käme (§ 27 Abs. 2, §§ 28 – 35 SGB VIII) und Ausführungen zur Zuständigkeit des Jugendamtes sind nicht zu machen.)*

Hilfe zur Erziehung nach § 27 Abs. 1 SGB VIII setzt voraus, dass die Eltern als Personensorgeberechtigte (gemäß § 7 Abs. 1 Nr. 5 SGB VIII i.V.m. § 1626 Abs. 1 BGB) der 6-jährigen Svenja, einem Kind im Sinne von § 7 Abs. 1 Nr. 1 SGB VIII, einen entsprechenden Antrag[51] stellen. Dieser Antrag ist noch nicht gestellt; da Frau Schmitz sich aber dazu bereit erklärt hat, an einer Verbesserung der Situation mitzuwirken, und dies auch ausdrücklich für ihren Mann bekundete, kann

51 Vgl. dazu bereits Fußnote 17.

davon ausgegangen werden, dass ein entsprechender Antrag von den Eltern gestellt werden wird.

Weiterhin müsste eine dem Wohl der 6-jährigen Svenja entsprechende Erziehung nicht gewährleistet sein. Dies ist anzunehmen, wenn Erziehungsdefizite vorliegen, die nicht durch die Personensorgeberechtigten behoben werden.[52]

Die Tatsache, dass Svenja immer übermüdet in der Kindertagesstätte erscheint und sich kaum konzentrieren kann, deutet darauf hin, dass ihr körperliches (zu wenig Schlaf) und geistiges Wohl (mangelnde Konzentration) beeinträchtigt ist. Dass sich Svenja ohnehin um alles kümmern muss, beeinträchtigt ihr seelisches Wohl; insgesamt würde eine dem Wohl von Svenja entsprechende Erziehung sich entsprechend mit Svenja befassen, sich um sie kümmern. Da dies nicht der Fall ist, liegt diese Voraussetzung vor, eine dem Wohl von Svenja entsprechende Erziehung ist nicht gewährleistet.

Die Hilfe ist auch notwendig, denn es ist sonst niemand vorhanden, der das Erziehungsmanko ausgleichen könnte. Zudem muss die Hilfe auch geeignet sein.

Ergebnis: Die Voraussetzungen für eine Hilfe zur Erziehung nach § 27 Abs. 1 SGB VIII liegen vor.

2.1 Ist die o.a. Aussage zutreffend?

Da das KiBiz NRW[53] keine Rechtsgrundlage für einen Anspruch auf einen Kindergartenplatz enthält, ist die Aussage unzutreffend. Ein Anspruch auf einen Kindergartenplatz ergibt sich vielmehr aus § 24 Abs. 3 SGB VIII, danach hat ein Kind vom vollendeten dritten Lebensjahr (d.h. hier der 4-jährige Benno) bis zum Schuleintritt einen Anspruch auf den Besuch einer Tageseinrichtung.[54]

2.2 Besteht dieser Anspruch gegenüber der Katholischen Kirchengemeinde St. Bonifatius in Bezug auf ihre Integrativen Kindertagesstätte „Wilde Bären"?

Ein Anspruch auf den Kindergartenplatz gegenüber der Katholischen Kirchengemeinde St. Bonifatius in Bezug auf ihre Integrative Kindertagesstätte „Wilde Bären" könnte sich lediglich aus § 3 Abs. 2 Satz 2 SGB VIII ergeben. Danach richten sich Leistungsverpflichtungen, die durch das SGB VIII begründet werden (d.h. hier der Anspruch auf einen Platz in der Kindertagesstätte nach § 24 Abs. 3

52 Vgl. dazu bereits Fußnote 19.

53 Das KiBiz NRW ist das nordrhein-westfälische Ausführungsgesetz zu den §§ 22 – 25 SGB VIII, vgl. § 26 SGB VIII. Jedes Bundesland verfügt über ein Ausführungsgesetz, vgl. dazu im Einzelnen die tabellarische Darstellung im Anhang 7 in Wiesner, SGB VIII, S. 2043 ff.

54 Vgl. dazu allgemein Struck in: Wiesner, SGB VIII, § 24 Rn. 52 ff.; Kaiser in: LPK-SGB VIII, § 24 Rn. 29 ff.; vgl. auch Moskal/Foerster/Strätz, Kinderbildungsgesetz, Einführung III., S. 7 f.

Satz 1 SGB VIII) gegen den Träger der öffentlichen Jugendhilfe. Träger der öffentlichen Jugendhilfe sind die in § 69 Abs. 1 SGB VIII i.V.m. mit Landesrecht genannten Träger. In Nordrhein-Westfalen[55] sind dies gemäß § 1a Abs. 1 AG-KJHG NRW Kreise und kreisfreie Städte, jedoch nicht Katholische Kirchengemeinden, diese sind freie Träger der Jugendhilfe.

Ergebnis: Der Anspruch besteht nicht gegenüber der Katholischen Kirchengemeinde St. Bonifatius in Bezug auf die Integrative Kindertagesstätte „Wilde Bären".

55 Vgl. zu den Regelungen in den anderen Bundesländern Kern in: Schellhorn/Fischer/Mann/Kern, SGB VIII, § 69 Rn. 9.

Klausur 3: „Paul und sein komisch riechender Vater"

In der katholischen Kindertagesstätte St. Richard in K sind Sie als Gruppenleiterin in einer Kindergartengruppe tätig. Ein Kind, der 5-jährige Paul, fiel Ihnen seit einiger Zeit auf. Er benahm sich sehr auffällig, in dem er an Angeboten der Gruppe (z.B. Basteln, gemeinsames Singen o.ä.) nicht mehr teilnahm bzw. nicht mehr teilnehmen wollte; er löste Streitsituationen häufig durch Schlagen der anderen Kinder. Ferner wirkte er in letzter Zeit immer müde und hungrig, ein eigenes Pausenbrot hatte er nicht dabei und versuchte immer, vom Essen der anderen „abzubekommen". Vor drei Tagen fragten Sie ihn, ob irgendetwas mit ihm nicht stimme. Darauf fing er an zu weinen und berichtete, dass sein Vater ständig komisch rieche und seine Mutter heftig schlage. Er habe große Angst, dass er auch vom Vater geschlagen werde. Seine Mutter sei irgendwie auch „krank" und man kümmere sich gar nicht um ihn. Gestern haben Sie versucht, beim Abholen von Paul die Mutter zu befragen; diese verweigerte aber jegliche Auskunft.

Sie überlegen nun, was zu unternehmen ist. In diesem Zusammenhang stellen sie sich folgende Frage:

Liegen die Voraussetzungen für eine Inobhutnahme von Paul vor?

(Hinweis: Begründen Sie Ihre Antworten an Hand der einschlägigen Vorschriften. Gehen Sie bitte davon aus, dass alle Angaben im Sachverhalt zutreffen, etwaige weitere Ermittlungen ergeben keine neuen Erkenntnisse.)

Gliederung zur Klausurlösung 3

Themengebiet: Inobhutnahme

Liegen die Voraussetzungen im Hinblick auf eine Inobhutnahme von Paul vor? (Ausführungen zur Zuständigkeit des Jugendamtes sind nicht zu machen.)

Kein Bitten um Inobhutnahme durch Paul – lediglich Inobhutnahme nach § 42 Abs. 1 Satz 1 Nr. 2, § 8a Abs. 2 Satz 2 SGB VIII.

- Gefahr für das Wohl des Kindes (von Paul)?
  - Eine Kindeswohlgefährdung liegt vor, wenn eine gegenwärtige Gefahr besteht, die bei ihrer Fortdauer eine erhebliche Schädigung des körperlichen, geistigen oder seelischen Wohls des Kindes mit ziemlicher Sicherheit voraussehen lässt.
  - In Betracht kommt die Gefährdung sowohl des körperlichen, geistigen und seelischen Wohls.

    – Paul wirkte immer müde und hungrig, kein ausreichender Schlaf und nicht genügend Nahrung (körperliches Wohl).

    – Miterleben heftiges Schlagen der Mutter durch den Vater (seelisches Wohl)

    – sich nicht kümmern, Erziehungsaufgaben nicht ausreichend wahrgenommen – (seelisches und geistiges Wohl)

    – Prognose einer erheblicher Schädigung – die Klärung dieser Frage dahinstehen lassen?
- Erfordert eine dringende Gefahr die Inobhutnahme?
  - Dringend ist die Gefahr, wenn über die der Gefahr innewohnenden Aktualität der Gefährdung hinaus eine konkret drohende, also unmittelbar bevorstehende Gefahrenlage besteht, die sich nach dem objektiv anzunehmenden Verlauf der Dinge alsbald auswirken wird.
  - Erforderlich ist die Inobhutnahme, wenn die Gefahr nicht anders abwendbar ist (z.B. durch Einschaltung und Mitwirkung der Sorgeberechtigten).
  - Klärung der Frage, ob die Gefährdung als dringend bezeichnet werden kann, kann dahinstehen? Zweifel hinsichtlich der Erforderlichkeit: aus der Tatsache, dass die Mutter Ihnen gegenüber die Auskunft verweigerte, kann nicht zwingend geschlossen werden, dass die Mutter sich auch dem Jugendamt gegenüber unkooperativ zeigen wird; Kontaktaufnahme sollte versucht werden. Abhängig vom Ausgang dieses Gesprächs ggf. auch Kontakt mit Pauls Vater mit dem Ziel, geeignete Hilfe für Paul zu überlegen.

Ergebnis: Die Voraussetzungen für eine Inobhutnahme nach §§ 42 Abs. 1 Nr. 2, 8a Abs. 2 Satz 2 SGB VIII liegen mangels Erforderlichkeit zum gegenwärtigen Zeitpunkt nicht vor.

Ausformulierte Lösung zur Klausur 3

Liegen die Voraussetzungen im Hinblick auf eine Inobhutnahme von Paul vor? (Ausführungen zur Zuständigkeit des Jugendamtes sind nicht zu machen.)

Da Paul nicht selbst um eine Inobhutnahme bittet, kommt lediglich eine Inobhutnahme nach §§ 42 Abs. 1 Satz 1 Nr. 2, 8a Abs. 2 Satz 2 SGB VIII in Betracht. Diese setzt zunächst eine Gefahr für das Wohl des 5-jährigen Pauls voraus, einem Kind im Sinne von § 7 Abs. 1 Nr. 1 SGB VIII, d.h. eine Kindeswohlgefährdung. Diese liegt vor, wenn eine gegenwärtige Gefahr besteht, die bei ihrer Fortdauer eine erhebliche Schädigung des körperlichen, geistigen oder seelischen Wohls des Kindes mit ziemlicher Sicherheit voraussehen lässt.[56]

Es bestehen Hinweise auf eine Gefährdung des körperlichen Wohls von Paul. Er wirkte häufig müde und hungrig, daraus lässt sich schließen, dass nicht dafür gesorgt wird, dass Paul ausreichenden Schlaf hat und ausreichend mit Nahrung versorgt wird. Bei weiterem ungehinderten Fortgang könnte dies zu erheblichen Schäden im Bereich der Gesundheit von Paul führen. Dass Paul miterlebt, dass sein Vater seine Mutter heftig schlägt, könnte die Gefährdung seines seelischen Wohls zur Folge haben. Ohne Intervention könnte sich dies zu erheblichen Ängsten, d.h. psychischen Schwierigkeiten und weiteren gesundheitlichen Problemen bei Paul ausweiten. Schließlich kümmern sich die Eltern von Paul nicht um ihn, d.h. nehmen ihre Erziehungsaufgaben nicht ausreichend wahr, welches eine Gefährdung des geistigen und seelischen Wohls andeutet. Insgesamt kommt die Annahme einer Kindeswohlgefährdung in Betracht.

Die Klärung der Frage kann aber dahinstehen, wenn die weitere Voraussetzung, wonach eine dringende Gefahr die Inobhutnahme erfordern muss, nicht vorliegt.

Eine Gefahr ist dringend, wenn über die der Gefahr innewohnenden Aktualität der Gefährdung hinaus eine konkret drohende, unmittelbar bevorstehende Gefahrensituation besteht, die sich nach dem objektiv anzunehmenden Verlauf der Dinge alsbald auswirken wird.[57] Erforderlich ist die Inobhutnahme, wenn die Gefahr nicht anders abwendbar ist (z.B. durch Einschaltung und Mitwirkung der Personensorgeberechtigten).[58]

Letztlich kann die Klärung der Frage, ob die Gefahr bereits das Ausmaß einer dringenden Gefahr erreicht hat, dahinstehen, denn es bestehen erhebliche Zweifel

56 Vgl. bereits oben Fußnote 25.

57 Vgl. Kepert in: LPK-SGB VIII, § 42 Rn. 26.

58 Vgl. Kepert in: LPK-SGB VIII, § 42 Rn. 27 m.w.N.; s. auch Trenczek in: FK-SGB VIII, § 42 Rn. 12.

an der Erforderlichkeit der Inobhutnahme zum gegenwärtigen Zeitpunkt. Aus der Tatsache, dass die Mutter von Paul Ihnen gegenüber jegliche Auskunft verweigerte, kann nicht zwingend geschlossen werden, dass sie auch jegliche Kooperation mit dem Jugendamt ablehnen wird. Daher sollte auf jeden Fall eine Kontaktaufnahme mit der Mutter von Paul versucht werden. Je nach Verlauf des Gespräches sollte ggf. auch mit dem Vater von Paul ein Gespräch über geeignete Hilfen für seinen Sohn vereinbart werden. Insgesamt erscheint es zum gegenwärtigen Zeitpunkt noch nicht als ausgeschlossen, dass eine Lösung der Problematik auf anderem Wege, d.h. durch Einbindung der Eltern von Paul gefunden werden kann.

Ergebnis: Die Voraussetzungen für eine Inobhutnahme von Paul liegen mangels Erforderlichkeit zurzeit nicht vor.

Klausur 4: „Erziehungsprobleme mit Kati"

Concha ist 30 Jahre alt und alleinerziehende Mutter der 10-jährigen Kati; der Vater von Kati ist unbekannt. Sie arbeitete halbtags in einem Supermarkt als Kassiererin. Vor einem Jahr verlor sie aus betriebsbedingten Gründen ihren Job und „ertränkt" seitdem ihren Kummer darüber im Alkohol. Sie hält sich fast ausschließlich zu Hause auf und konsumiert mittlerweile erhebliche Mengen von Alkohol. Dadurch bedingt kümmert sich Concha nahezu nicht mehr um Kati. Kati geht in die 4. Klasse der nahe gelegenen Grundschule und ist nachmittags zu Hause. Vor drei Wochen meldete sich die Grundschullehrerin bei Concha und berichtete, dass Kati in der Schule häufig weint, jedoch zum Grund ihres Verhaltens jegliche Auskunft verweigert. Die schulischen Leistungen von Kati hatten erheblich nachgelassen und ihre Versetzung ist gefährdet. Concha wandte sich darauf mit der Bitte um Hilfe an das örtlich zuständige Jugendamt, in dem Sie, die Sie „Bildung und Erziehung im Kindesalter" studiert haben, mit Conchas Fall konfrontiert werden. Concha erklärt, die Erziehung von Kati mache ihr große Sorgen, „irgendwie gelinge sie nicht mehr". Sie stellen sich folgende Frage:

1. Liegen die Voraussetzungen für eine Hilfe zur Erziehung – ggf. welche Hilfeform – vor?

2. Ist Kati in einem Hilfeplanverfahren persönlich zu beteiligen?

(Hinweis: Begründen Sie Ihre Antworten an Hand der einschlägigen Vorschriften. Gehen Sie bitte davon aus, dass alle Angaben im Sachverhalt zutreffen, etwaige weitere Ermittlungen ergeben keine neuen Erkenntnisse.)

Gliederung zur Klausurlösung 4

Themengebiet: Hilfe zur Erziehung, Beteiligung eines Kindes am Hilfeplanverfahren

1. Liegen die Voraussetzungen für eine Hilfe zur Erziehung – ggf. welche Hilfeform – vor?

§ 27 Abs. 1 SGB VIII – Voraussetzungen?

- Eine dem Wohl von Kati entsprechende Erziehung ist nicht gewährleistet.
  - Erziehungsdefizite, die nicht durch die Personensorgeberechtigten behoben werden?
  - Erziehungsdefizite: Aufgrund Alkoholkonsums – nahezu kein Kümmern mehr von Concha um Kati; bei einer 10-Jährigen ist dagegen entsprechende Zuwendung erforderlich; wohl auch keine Sorge um schulisches Weiterkommen von Kati.
- Antrag der Personensorgeberechtigten?
  - Concha – allein sorgeberechtigt (§§ 1626a Abs. 3 BGB), damit allein antragsberechtigt.
  - Bitte um Hilfe = konkludent gestellter Antrag
- Die angestrebte Hilfe erscheint geeignet und notwendig?
  - Probleme bei Kati zurzeit vor allem im schulischen Bereich – Sicherstellung einer entsprechenden Hilfe erforderlich

    Organisation eines entsprechenden Angebotes (z.B. ein Platz in einer offenen Ganztagsschule)

    Des Weiteren Unterstützung für Concha in Sachen Erziehung – Erziehungsberatung nach § 28 SGB VIII, Vermittlung unterstützender Maßnahmen für Kati

    Hinweis: Alkoholproblem lösen
  - Mit Blick auf Grundsatz der Verhältnismäßigkeit: intensivere Hilfeformen wie §§ 30, 31, 32 sowie § 35 SGB VIII (-); auch vollstationäre Angebote (-), Lösung innerhalb der Familie noch möglich

    Soziale Gruppenarbeit, § 29 SGB VIII, (-), keine Probleme im Zusammenhang mit dem Verhalten in einer Gruppe

Ergebnis: Die Voraussetzungen für eine Hilfe zur Erziehung liegen vor; Hilfeform: Offene Ganztagsschule und Erziehungsberatung.

2. Ist Kati in einem Hilfeplanverfahren persönlich zu beteiligen?

§ 36 Abs. 1 Satz 1SGB VIII: Kind ist vor Entscheidung über Inanspruchnahme einer Hilfe zu beraten und mögliche Folgen für die Entwicklung hinzuweisen.

§ 8 Abs. 1 SGB VIII – Beteiligung entsprechend ihrem Entwicklungsstand an allen sie betreffenden Entscheidungen

- Keine entsprechenden Angaben über den Entwicklungsstand von Kati dazu im Sachverhalt

Ergebnis: Kati ist entsprechend ihrem Entwicklungsstand in einem Hilfeplanverfahren persönlich zu beteiligen.

Ausformulierte Lösung zur Klausur 4

1. Liegen die Voraussetzungen für eine Hilfe zur Erziehung – ggf. welche Hilfeform – vor?

Voraussetzung für eine Hilfe zur Erziehung ist zunächst, dass eine dem Wohl von Kati entsprechende Erziehung nicht gewährleistet ist. Angenommen wird dies, wenn Erziehungsdefizite vorliegen, die nicht durch die Personensorgeberechtigten behoben werden.[59] Aufgrund des Alkoholkonsums kümmert sich Concha nahezu nicht mehr um Kati, insbesondere unternimmt sie keine Maßnahmen, die dem weiteren Abfallen der schulischen Leistungen Einhalt gebieten würden. Demgegenüber erscheinen gerade bei einem 10-jährigen Mädchen eine besondere Zuwendung und entsprechende erzieherische Maßnahmen als notwendig. Erziehungsdefizite liegen also vor.

Erforderlich ist ferner ein Antrag[60] der Personensorgeberechtigten. Aufgrund der Tatsache, dass der Vater von Kati unbekannt ist, ist Concha gemäß § 1626a Abs. 3 BGB allein sorgeberechtigt und damit antragsberechtigt. Sie hat zwar keinen ausdrücklichen Antrag auf Hilfe zur Erziehung gestellt, jedoch kann ihre Bitte um Hilfe schlüssig (konkludent) als ein solcher Antrag ausgelegt werden.

Schließlich muss eine Hilfeform geeignet und notwendig sein. Da sich die Probleme bei Kati vor allem im schulischen Bereich zeigen, muss sichergestellt werden, dass Kati außerhalb der Schulzeit entsprechende Hilfen und Betreuung erhält. Entsprechende Angebote/Hilfen sollten organisiert werden wie z.B. ein Platz in einer offenen Ganztagsschule. Zudem erscheint eine Unterstützung von Concha in ihren Erziehungsproblemen als notwendig und geeignet. Ihr sollte eine Erziehungsberatung nach § 28 SGB VIII gewährt werden, um ihr unterstützende

59 Vgl. bereits oben Fußnote 19.

60 Vgl. bereits oben Fußnote 17.

Maßnahmen für Kati zu vermitteln. Zudem sollte auf Hilfsangebote verwiesen werden, die geeignet sind, Conchas Alkoholproblem zu lösen.[61]

Mit Blick auf den Grundsatz der Verhältnismäßigkeit erscheinen intensivere Hilfeformen wie nach § 30 SGB VIII – Erziehungsbeistand, Betreuungshelfer, § 31 SGB VIII – sozialpädagogische Familienhilfe, § 32 SGB VIII – Erziehung in der Tagesgruppe sowie § 35 SGB VIII – intensive sozialpädagogische Einzelbetreuung aus. Entsprechende Überlegungen gelten für vollstationäre Hilfeangebote nach §§ 33, 34 SGB VIII; eine Lösung der Problematik innerhalb der Familie erscheint noch möglich. Da sich bei Kati noch keine Probleme im Zusammenhang mit dem Verhalten in einer Gruppe ergeben haben, scheidet auch das Angebot der sozialen Gruppenarbeit gemäß § 29 SGB VIII aus.

Ergebnis: Die Voraussetzungen für eine Hilfe zur Erziehung nach § 27 ff. SGB VIII liegen vor. Sie sollte in Form der offenen Ganztagsschule und der Erziehungsberatung gewährt werden. Zudem sollte Concha auf Hilfsangebote hingewiesen werden, die geeignet sind, ihr Alkoholproblem zu lösen.

2. *Ist Kati in einem Hilfeplanverfahren persönlich zu beteiligen?*

Grundsätzlich sind gemäß § 36 Abs. 1 Satz 1 SGB VIII u.a. das Kind vor der Entscheidung über die Inanspruchnahme der Hilfe zu beraten und auf die möglichen Folgen für seine Entwicklung hinzuweisen. Zu beachten ist aber zusätzlich § 8 Abs. 1 Satz 1 SGB VIII, wonach Kinder entsprechend ihrem Entwicklungsstand an allen sie betreffenden Entscheidungen der öffentlichen Jugendhilfe zu beteiligen sind.[62] Über den Entwicklungsstand von Kati enthält der Sachverhalt keine näheren Angaben, so dass die Frage nicht abschließend beantwortet werden kann.

Ergebnis: Kati ist entsprechend ihrem Entwicklungsstand in einem Hilfeplanverfahren persönlich zu beteiligen.

---

61 Hilfsangebote zur Lösung des Alkoholproblems dürften im Regelfall Leistungen im Rahmen der Krankenbehandlung bzw. der medizinischen Rehabilitation nach den für die jeweilige Sozialversicherung maßgeblichen Vorschriften (z.B. § 27 SGB V) sein. Dienen sie dagegen nicht ausschließlich oder vor allem der Heilung oder Linderung von Störungen mit Krankheitswert, sondern unterstützen sie die fehlende Erziehungsleistung, kommen diese Leistungen als Hilfen zur Erziehung in Betracht, vgl. dazu Schmid-Obkirchner in: Wiesner, SGB VIII, § 27 Rn. 34.

62 Vgl. dazu allgemein Kunkel/Kepert in: LPK-SGB VIII, § 8 Rn. 9; Wiesner, SGB VIII, § 8 Rn. 36.

3.3 Vier Klausuren für Masterstudiengänge im Bereich der Suchthilfe (Bearbeitungszeit 60 Minuten)

Klausur 1: „Sorgerecht für Gustav und Therapie statt Strafe für Sven?"

1. Die 28-jährige Andrea und der 30-jährige Peter lebten seit 10 Jahren in nichtehelicher Lebensgemeinschaft zusammen. Seit der frühen Jugendzeit konsumieren sie alkoholische Getränke im Übermaß; infolgedessen haben sie beide ihre Schulausbildung nicht beenden können; auch mehrere Versuche, eine Ausbildung zu beginnen, scheiterten bisher. Vor 8 Jahren wurde Gustav geboren. Peter erkannte die Vaterschaft rechtswirksam an. Gustav entwickelte sich altersgerecht; in der Schule erzielt er mittelmäßige Leistungen. Seit etwa 2 Jahren begann Andreas und Peters Beziehung immer mehr zu kriseln und vor einem Jahr zog Peter aus der gemeinsamen Wohnung aus und lebt seitdem wieder bei seinen Eltern. Peter kommt mit der Trennung nicht klar und hat seinen Alkoholkonsum verstärkt. Andrea lernte kurz darauf den alkohol- und drogensüchtigen Tobias kennen und lieben und dieser zog kurze Zeit später zu Andrea und Gustav. Von diesem Zeitpunkt verweigerte Andrea Peter jeglichen Kontakt zu Gustav mit der Begründung, „Besuche von Peter würden das neue Glück nur stören; auch sei Peter nur noch besoffen, dies sei Gustav nicht zuzumuten". Andrea deutete aber an, dass sie einem begleiteten Umgang unter Beteiligung einer Mitarbeiterin aus dem Jugendamt durchaus zustimmen würde. Dies lehnte aber Peter kategorisch ab, „dies ginge rechtlich gar nicht".

Gustav nimmt seit der 2. Klasse in der offenen Ganztagsschule an einer Sportgruppe (Fußball) teil. Dort fühlte er sich seit einiger Zeit nicht mehr wohl. Andrea ist damit auch nicht mehr zufrieden und sie möchte, dass Gustav in die Musikgruppe (Trommeln und Percussion) wechselt. Als Peter dies zufällig erfuhr, erklärte er, er sei der Vater und möchte dies mitentscheiden. Andrea verweigerte dies mit der Erklärung, Peter verfüge doch gar nicht über das Sorgerecht. Peter wendet sich an Sie, die Sie als SuchtberaterIn in einer Suchtberatungsstelle in Köln tätig sind. Er erklärte, er wolle „seinen väterlichen Pflichten in Bezug auf Gustav im vollen Umfang nachkommen – und – er habe doch wohl auch das Sorgerecht?". Sie stellen sich folgende Fragen:

Was könnte Peter unternehmen, um an das gemeinsame Sorgerecht über Gustav – zusammen mit Andrea – zu gelangen, und wie sind die diesbezüglichen Erfolgsaussichten zu bewerten?

2. Sven ist drogenabhängig und wegen Verkaufs von Kokain zu einer Freiheitsstrafe von 18 Monaten ohne Bewährung verurteilt worden. Die Strafvollstreckung wurde gemäß § 35 Abs. 1 BtMG für längstens 2 Jahre im Hinblick auf eine Behandlung zurückgestellt, die er bei Ihnen in einer entsprechenden staatlich anerkannten Einrichtung absolviert. Das Gericht entschied im Zusammenhang mit der Zustimmung zur Zurückstellung der Strafvollstreckung auch, dass die von Sven absolvierte Behandlung anrechnungsfähig ist. Diese Behandlung dauerte bisher 4 Monate und sie soll insgesamt 7 Monate dauern. Die Behandlung ist bisher erfolgreich verlaufen. Sven fürchtet nun, dass er gleichwohl noch in den Strafvollzug „einrücken muss" und wendet sich an Sie mit der Bitte um Rat. Sie fragen sich:

2.1 Wird die Behandlung in Ihrer Einrichtung auf die gegen Sven verhängte Freiheitsstrafe angerechnet und ggf. in welcher Höhe?

2.2 Muss Sven damit rechnen, dass die noch offene Freiheitsstrafe gegen ihn vollstreckt wird, sofern die Behandlung insgesamt erfolgreich verläuft und man davon ausgehen kann, dass Sven nach Behandlungsabschluss keine Drogen mehr konsumieren und auch keine Straftaten mehr begehen wird?

(Hinweis: Begründen Sie Ihre Antworten an Hand der einschlägigen Vorschriften. Gehen Sie bitte davon aus, dass alle Angaben im Sachverhalt zutreffen, etwaige weitere Ermittlungen ergeben keine neuen Erkenntnisse.)

Gliederung zur Klausurlösung 1

Themengebiete: Gemeinsames Sorgerecht, §§ 35, 36 BtMG

1. Was könnte Peter unternehmen, um an das gemeinsame Sorgerecht über Gustav – zusammen mit Andrea – zu gelangen und wie sind die diesbezüglichen Erfolgsaussichten zu bewerten?

§§ 1626 Abs. 1, 1626a Abs. 1 Nr. 3, Abs. 2 BGB?

- (Gemeinsames) Sorgerecht über Gustav setzt Vaterschaft von Peter voraus.
  - Peter hat die Vaterschaft gemäß §§ 1594 ff. BGB wirksam anerkannt und ist daher rechtlicher Vater im Sinne von § 1592 Nr. 2 BGB.
- § 1626a Abs. 1 BGB?
  - Andrea und Peter – nicht verheiratet, maßgeblich § 1626a BGB

    keine Erfolgsaussichten im Hinblick auf gemeinsame Sorgeerklärungen (§ 1626a Abs. 1 Nr. 1 BGB) oder eine Hochzeit zwischen beiden (§ 1626a Abs. 1 Nr. 2 BGB), da Trennung und Kennenlernen Andrea – Tobias.
- Antrag beim Familiengericht nach § 1626a Abs. 1 Nr. 3, Abs. 2 BGB
  - Der Antrag auf Übertragung der gemeinsamen Sorge hat Erfolg, wenn dies dem Kindeswohl von Gustav nicht widerspricht.
  - § 1626a Abs. 2 Satz 2 BGB: Vermutung dafür, dass die gemeinsame elterliche Sorge dem Kindeswohl nicht widerspricht, wenn der andere Elternteil keine Gründe vorträgt, die der Übertragung der gemeinsamen elterlichen Sorge entgegenstehen können, und solche Gründe auch sonst nicht ersichtlich sind.
  - Diskussion: relevante Aspekte:

    – Suchtprobleme von Peter indizieren alleine keine Kindeswohlgefährdung im Sinne von § 1666 Abs. 1 BGB

    – Konsensbereitschaft von beiden ist nicht generell ausgeschlossen.

    – insgesamt: gemeinsames Sorgerecht widerspricht nicht dem Kindeswohl.

Ergebnis: Ein Antrag beim Familiengericht auf Übertragung der gemeinsamen Sorge hätte Aussicht auf Erfolg.

2.1 Wird die Behandlung in Ihrer Einrichtung auf die gegen Sven verhängte Freiheitsstrafe angerechnet und ggf. in welcher Höhe?

§ 36 Abs. 1 Satz 1 BtMG

- Vollstreckung ist nach § 35 Abs. 1 BtMG zurückgestellt
- Entscheidung des Gerichts über die Anrechnungsfähigkeit der Behandlung (+)

- Behandlung erfolgte in staatlich anerkannter Einrichtung
- Behandlung ist nachgewiesen.
- Anrechnung der Behandlung, bis 2/3 der Strafe (= 2/3 von 18 Monaten = 12 Monaten) erledigt sind; 7 Monate – (+).

Ergebnis: Zeit der Behandlung (hier 7 Monate) – Anrechnung im vollen Umfang, da 2/3 der Strafe (= 12 Monate) nicht überschritten werden.

2.2 Muss Sven damit rechnen, dass die noch offene Freiheitsstrafe gegen ihn vollstreckt wird, sofern die Behandlung insgesamt erfolgreich verläuft und man davon ausgehen kann, dass Sven nach Behandlungsabschluss keine Drogen mehr konsumieren und auch keine Straftaten mehr begehen wird?

§ 36 Abs. 1 Satz 3 BtMG

- Durch die Anrechnung der Behandlung im vollen Umfang (= 7 Monate) auf die Strafe sind 2/3 der Strafe (= 12 Monate) noch nicht erledigt (§ 36 Abs. 1 Satz 3 1. Alt. BtMG).
- Ist die Behandlung in der Einrichtung zu einem früheren Zeitpunkt nicht mehr erforderlich (§ 36 Abs. 1 Satz 3 2. Alt. BtMG)?
  - Sven – nach Behandlungsabschluss kein Drogenkonsum mehr; Folge: Behandlung insgesamt und damit zu einem früheren Zeitpunkt nicht mehr erforderlich
- Kann der Rest der Strafe zur Bewährung ausgesetzt werden?
  - Ja, sofern dies unter Berücksichtigung des Sicherheitsinteresses der Allgemeinheit verantwortet werden kann
  - Hier (+) – aufgrund der positiven Prognosen
- Aussetzung des Strafrestes zur Bewährung (+), bei erfolgreichem weiteren Verlauf (kein Widerruf der Bewährung): (Rest-)Strafe wird erlassen (§ 36 Abs. 4 BtMG i.V.m. § 56g Abs. 1 StGB).

Ergebnis: Sven muss bei einem weiteren positiven Verlauf nicht mit der Vollstreckung des Strafrestes rechnen.

Ausformulierte Lösung zur Klausur 1

1. Was könnte Peter unternehmen, um an das gemeinsame Sorgerecht über Gustav – zusammen mit Andrea – zu gelangen und wie sind die diesbezüglichen Erfolgsaussichten zu bewerten?

Peter könnte nach §§ 1626 Abs. 1, 1626a Abs. 1 Nr. 3, Abs. 2 BGB einen Antrag auf Übertragung der gemeinsamen Sorge über Gustav beim zuständigen Familiengericht stellen. Voraussetzung ist zunächst, dass Peter der rechtliche Vater von Gustav ist. Peter hat die Vaterschaft gemäß § 1594 ff. BGB wirksam anerkannt und ist daher rechtlicher Vater im Sinne von § 1592 Nr. 2 BGB.

Da Andrea und Peter nicht miteinander verheiratet sind, setzt gemeinsames Sorgerecht zwischen beiden gemäß § 1626a Abs. 1 Nr. 1 BGB voraus, dass sie gemeinsame Sorgeerklärungen abgeben. Aufgrund der Tatsache, dass Andrea Tobias kennen gelernt hat und Andrea und Peter sich in der Zwischenzeit getrennt haben, dürften keine Erfolgsaussichten im Hinblick auf gemeinsame Sorgeerklärungen bestehen. Aus demselben Grund scheidet auch § 1626 Abs. 1 Nr. 2 BGB aus; es ist nicht damit zu rechnen, dass beide einander heiraten werden.

Jedoch kommt ein Antrag von Peter auf Übertragung des gemeinsamen Sorgerechts nach § 1626a Abs. 1 Nr. 3, Abs. 2 BGB in Betracht. Ein derartiger Antrag auf Übertragung der gemeinsamen Sorge hat Erfolg, wenn dies dem Kindeswohl von Gustav nicht widerspricht. Gemäß § 1626a Abs. 2 Satz 2 BGB wird vermutet, dass die gemeinsame elterliche Sorge dem Kindeswohl nicht widerspricht, wenn der andere Elternteil keine Gründe vorträgt, die der Übertragung der gemeinsamen elterlichen Sorge entgegenstehen könnten, und solche Gründe auch sonst nicht ersichtlich sind. Die Suchtprobleme von Peter sprechen nicht gegen die Übertragung der elterlichen Sorge; insbesondere haben die Suchtprobleme nicht automatisch die Annahme einer Kindeswohlgefährdung zur Folge. Es kann nicht prognostiziert werden, dass bei weiterem ungehindertem Verlauf eine schwere Schädigung des Kindeswohls von Gustav erwartet werden muss. Die Tatsache, dass Andrea zurzeit die Mitwirkung von Peter bei der Entscheidung über das für Gustav passende Angebot der offenen Ganztagsschule verweigert, führt nicht zwangsläufig zu der Annahme, dass Andrea grundsätzlich nicht mehr zum Konsens bereit ist. Vielmehr beruft sie sich auf ihre Rechtsansicht zur Problematik des gemeinsamen Sorgerechts und zeigt sich gerade bei der Frage des Umgangsrechts kompromissbereit. Insgesamt liegen keine Gründe vor, die der Übertragung der gemeinsamen elterlichen Sorge entgegenstehen können, die Übertragung der gemeinsamen elterlichen Sorge widerspricht dem Kindeswohl von Gustav nicht.

Ergebnis: Ein Antrag beim zuständigen Familiengericht auf Übertragung der gemeinsamen Sorge hätte Aussicht auf Erfolg.

2.1 Wird die Behandlung in Ihrer Einrichtung auf die gegen Sven verhängte Freiheitsstrafe angerechnet und ggf. in welcher Höhe?

In Betracht kommt eine Anrechnung der Behandlung in Ihrer Einrichtung nach § 36 Abs. 1 Satz 1 BtMG. Die Vollstreckung der gegen Sven verhängten Freiheitsstrafe wurde gemäß §§ 35 Abs. 1, 36 Abs. 1 BtMG zurückgestellt. Das Gericht hat die Anrechnungsfähigkeit mit Erteilung der Zustimmung nach § 35 Abs. 1 BtMG bejaht. Ferner erfolgte die Behandlung von Sven in einer staatlich anerkannten Einrichtung und die Behandlung wurde 7 Monate durchgeführt, d.h. in diesem Umfang wurde die Behandlung auch nachgewiesen.

Die gesamten 7 Monate Behandlung werden im vollen Umfang nach § 36 Abs. 1 Satz 1 BtMG angerechnet, wenn 2/3 der Strafe nicht überschritten werden. Dies ist in Bezug auf die Strafe von Sven (= 18 Monate) nicht der Fall; mit 7 Monaten werden 2/3 der Strafe (= 12 Monate) nicht erreicht.

Ergebnis: Die Behandlung von Sven wird im vollen Umfang angerechnet.

2.2 Muss Sven damit rechnen, dass die noch offene Freiheitsstrafe gegen ihn vollstreckt wird, sofern die Behandlung insgesamt erfolgreich verläuft und man davon ausgehen kann, dass Sven nach Behandlungsabschluss keine Drogen mehr konsumieren und auch keine Straftaten mehr begehen wird?

Einschlägige Vorschrift ist § 36 Abs. 1 Satz 3 BtMG. Zwar sind durch die Behandlung von Sven im Umfang von 7 Monaten und die Anrechnung noch keine 2/3 der Strafe gemäß § 36 Abs. 1 Satz 3 1. Alt. BtMG erledigt. Zu prüfen bleibt aber, ob die Behandlung in der Einrichtung gemäß § 36 Abs. 1 Satz 3 2. Alt. BtMG nicht zu einem früheren Zeitpunkt nicht mehr erforderlich ist.[63] Da Sven nach Behandlungsabschluss keine Drogen mehr konsumieren wird, ist die Behandlung insgesamt und damit zu einem früheren Zeitpunkt nicht mehr erforderlich. Demzufolge kann gemäß § 36 Abs. 1 Satz 3 BtMG die Vollstreckung des Restes der Strafe zur Bewährung ausgesetzt werden, sobald dies unter Berücksichtigung des Sicherheitsinteresses der Allgemeinheit verantwortet werden kann.[64] Aufgrund der positiven Sozialprognose für Sven (er wird keine Drogen

63 Vgl. dazu allgemein Patzak in: Körner/Patzak/Volkmer, BtMG, § 36 Rn. 66 ff.; Weber, BtMG, § 36 Rn. 71 ff.

64 Vgl. dazu allgemein Patzak in: Körner/Patzak/Volkmer, BtMG, § 36 Rn. 70 ff.; Weber, BtMG, § 36 Rn. 44 ff.

mehr konsumieren und keine Straftaten mehr begehen) liegt auch diese Voraussetzung vor.

Die Strafe kann damit zur Bewährung ausgesetzt werden. Verläuft die Bewährungszeit erfolgreich, d.h. kommt es zu keinem Widerruf der Bewährung, wird Sven die (Rest-)Strafe gemäß § 36 Abs. 4 BtMG i.V.m. § 56g Abs. 1 StGB erlassen.

Ergebnis: Sven muss bei weiterem positiven Verlauf nicht mit der Vollstreckung des Strafrestes rechnen.

Klausur 2: „Gina und der Umgang mit Johnny sowie Zeugnisverweigerungsrecht zu seinen Gunsten"

Peter (24 Jahre) und Marga (22 Jahre) sind seit 3 Jahren verheiratet, sie leben zusammen in einer netten Münchener Wohnung. Ihre Beziehung geriet aufgrund verschiedener Gründe immer mehr in eine Schieflage. Vor lauter Frust darüber begann Marga vermehrt, erhebliche Mengen Alkohol zu konsumieren. Vor einem Jahr lernte sie den 20-jährigen Johnny, der seit seiner Kindheit Alkohol und Drogen konsumiert, kennen und lieben. Es entwickelte sich ein Liebesverhältnis, in dessen Verlauf Marga schwanger wurde. Trotz der Schwangerschaft konsumierte Marga weiterhin erhebliche Mengen von Alkohol. Vor vier Monaten wurde Gina geboren. Über die Vaterschaft ist sie unsicher: Sie hält es für möglich, dass sowohl Peter als auch Johnny der Vater von Gina sein könnte. Da Peter und Marga beruflich stark eingebunden sind, kümmerte sich seit der Geburt tagsüber Margas 45-jährige Mutter Elfriede um Gina. Elfriede hat vor 2 Jahren ihren Ehemann verloren und kommt darüber nicht weg; sie konsumiert seitdem über den ganzen Tag verteilt erhebliche Mengen von Alkohol, Therapien lehnt sie bisher kategorisch ab.

Marga „beichtete" bereits während ihrer Schwangerschaft Peter das Verhältnis mit Johnny und Peter verzieh ihr. Er schlug vor, die Ehe weiterzuführen und machte zur Bedingung, dass Marga die Beziehung zu Johnny beendete. Marga, die sich über das Verhalten von Peter sehr freute, willigte ein. Vor ein paar Tagen erklärte sie Johnny, das Verhältnis sei beendet und sie wolle auch nicht, dass Johnny Kontakt zu Gina habe, dies könne die wieder aufgeflammte Liebe zu Peter nur gefährden. Zudem verbat Marga auch Elfriede jeden Kontakt mit Gina, denn „als Alkoholikerin sei sie eine Gefahr für Gina."

Sie sind staatlich anerkannte SozialarbeiterIn, haben den Masterstudiengang Suchthilfe erfolgreich absolviert und arbeiten in einer staatlich anerkannten Suchtberatungsstelle des Münchener Caritas e.V. als SuchtberaterIn. An Sie wenden sich nun – unabhängig voneinander – Johnny und Elfriede. Beide möchten – unabhängig voneinander – wissen, ob sie Gina zumindest einmal in der Woche sehen können. Johnny erklärte Ihnen, es sei ihm eigentlich nicht daran gelegen, Gina zu sehen, „aber dies müsse – so habe er es in einer Illustrierten gelesen – er doch wollen, um auf diese Weise Klärung zu erreichen, ob er der Vater von Gina sei.“ Sie stellen sich folgende Fragen:

1. Hat Johnny ein Recht, Gina einmal in der Woche zu sehen? (Bitte prüfen Sie hier ausschließlich Normen des BGB; gehen Sie davon aus, dass eine Anfechtung der Vaterschaft von Peter im Hinblick auf §§ 1600 Abs. 1 Nr. 2, Abs. 2, 4 BGB aussichtslos ist; die Anfechtung der Vaterschaft ist nicht zu prüfen.)

2. Hat Elfriede ein Recht, Gina einmal in der Woche zu sehen?

3. Johnny ist vor dem Amtsgericht München wegen einer Vollrauschtat angeklagt. Sie erhalten eine Ladung zur Hauptverhandlung und sollen dort als ZeugIn über Johnnys persönliche Verhältnisse aussagen. Der Leiter der Suchtberatungsstelle hat Ihnen eine Aussagegenehmigung erteilt. Johnny möchte, dass Sie aussagen, und hat Sie dazu ausdrücklich rechtswirksam von der Verpflichtung zur Verschwiegenheit entbunden. Sie wollen jedoch nicht aussagen, weil Sie befürchten, dass sich Ihre Angaben zuungunsten von Johnny auswirken könnten. Sie stellen sich folgende Frage:

Dürfen Sie das Zeugnis verweigern? (Vorschriften des SGB I und SGB X sind n i c h t zu prüfen)

(Hinweis: Begründen Sie Ihre Antworten an Hand der einschlägigen Vorschriften. Gehen Sie bitte davon aus, dass alle Angaben im Sachverhalt zutreffen, etwaige weitere Ermittlungen ergeben keine neuen Erkenntnisse.)

Gliederung zur Klausurlösung 2

Themengebiete: Umgangsrecht, Zeugnisverweigerungsrecht im Strafverfahren

1. Hat Johnny ein Recht, Gina einmal in der Woche zu sehen? (Bitte prüfen Sie hier ausschließlich Normen des BGB; gehen Sie davon aus, dass eine Anfechtung der Vaterschaft von Peter im Hinblick auf §§ 1600 Abs. 1 Nr. 2, Abs. 2, 4 BGB aussichtslos ist; die Anfechtung der Vaterschaft ist nicht zu prüfen.)

Umgangsrecht nach § 1684 Abs. 1 BGB – scheidet aus; keiner der Fälle des § 1592 f. BGB liegt vor.

Umgangsrecht nach § 1685 Abs. 2 BGB?

- Setzt voraus, dass Johnny eine enge Bezugsperson des Kindes ist, d.h. für das Kind tatsächliche Verantwortung trägt oder getragen hat.
- Eine Übernahme tatsächlicher Verantwortung in der Regel (+), wenn die Person mit dem Kind längere Zeit in häuslicher Gemeinschaft zusammengelebt hat, vgl. § 1685 Abs. 2 Satz 2 BGB.
  - Kein Zusammenleben Gina – Johnny, keine Verantwortung für das Kind

Umgangsrecht nach § 1686a Abs. 1 Nr. 1 BGB

- Besteht die Vaterschaft eines anderen Mannes? (+) Peter ist gemäß § 1592 Nr. 1 BGB der rechtliche Vater von Gina.
- Ist Johnny der leibliche Vater von Gina?
  - Klärung dieser Voraussetzung erfolgt eigentlich im Rahmen des Verfahrens; keine Klärung aber dann, wenn von vornherein die übrigen Voraussetzungen des § 1686a Abs. 1 Nr. 1 BGB nicht gegeben sind?
- Hat Johnny ernsthaftes Interesse an Gina gezeigt?
  - Ernsthaftes Interesse an einem Kind zeigt, wer z.B. Anstrengungen unternimmt, das Kind zügig kennenzulernen; die Bereitschaft zeigt, Verantwortung zu übernehmen, o.ä.
  - Johnny hat sich bisher gar nicht um Gina bemüht; im Gegenteil: ihm geht es in erster Linie um die Klärung der Abstammung.

Ergebnis: Johnny hat kein Recht, Gina einmal in der Woche zu sehen.

2. Hat Elfriede ein Recht, Gina einmal in der Woche zu sehen?

Umgangsrecht aus § 1685 Abs. 1 BGB?

- Elfriede ist die Großmutter von Gina und hat daher ein Umgangsrecht mit Gina, wenn dies dem Wohl des Kindes dient.
  - § 1626 Abs. 3 Satz 2 BGB: zum Wohl des Kindes gehört der Umgang des Kindes mit anderen Personen, zu denen das Kind Bindungen besitzt, wenn ihre Aufrechterhaltung für seine Entwicklung förderlich ist. Beziehungen zu Großeltern – in der Regel förderlich.
  - Alkoholkonsum – keine grundsätzliche Änderung (wie z.B. Ausschluss des Umgangsrechts); vielmehr kann dies bei der Art und Weise des Umgangs berücksichtigt werden.
  - Im Hinblick auf den erheblichen Alkoholkonsum erscheint begleiteter Umgang gemäß §§ 1685 Abs. 3, 1684 Abs. 4 S. 3, 4 BGB angemessen.
  - Begleiteter Umgang – stellt Beeinträchtigung des Umgangsrechts dar, was voraussetzt, dass dies zum Wohl des Kindes erforderlich ist, (+) aufgrund der Gefahr, dass Elfriede aufgrund des Alkoholkonsums z.B. ihren Aufsichtspflichten nicht nachkommt. Ein (vorübergehender) begleiteter Umgang erscheint auch verhältnismäßig.

- Die Frage, ob Elfriede Gina einmal die Woche sehen kann, ist vom Wochenplan von Marga, Peter und Gina abhängig und mit ihnen abzustimmen.

Ergebnis: Elfriede hat ein Recht Gina zu sehen – im Rahmen des begleiteten Umgangs und nach Absprache mit Peter und Marga einmal die Woche.

3. Dürfen Sie die Aussage verweigern? (Vorschriften des SGB I und SGB X sind n i c h t zu prüfen)

Zeugnisverweigerungsrecht nach § 53 Abs. 1 Nr. 3b StPO

- Nach § 53 Abs. 1 Nr. 3b StPO sind Berater für Fragen der Betäubungsmittelabhängigkeit in einer Beratungsstelle, die eine Behörde anerkannt hat, über das, was ihnen in dieser Eigenschaft anvertraut worden ist, zur Verweigerung des Zeugnisses berechtigt.
  - Sie – BeraterIn für Fragen der Betäubungsmittelabhängigkeit in einer staatlich anerkannten Suchtberatungsstelle des Münchener Caritas e.V. = Beratungsstelle, die eine Behörde anerkannt hat. Folge: Zeugnisverweigerungsrecht über das, was Ihnen in dieser Eigenschaft anvertraut worden oder bekannt geworden ist. Angaben zu den persönlichen Verhältnissen sind Ihnen im Rahmen Ihrer Tätigkeit anvertraut worden; Zeugnisverweigerungsrecht besteht zunächst.
  - § 53 Abs. 2 StPO: sofern der Schweigepflichtige von der Verpflichtung zur Verschwiegenheit entbunden worden ist, Zeugnisverweigerungsrecht (-); Sie sind von der Verschwiegenheit wirksam entbunden.

Keine Zeugnisverweigerung als Sozialarbeiterin – Beruf ist im Katalog des § 53 StPO nicht enthalten

Keine Zeugnisverweigerung wegen fehlender Aussagegenehmigung nach § 54 Abs. 1 StPO, Aussagegenehmigung wurde erteilt.

Zeugnisverweigerungsrecht aus Art. 2 Abs. 1 i.V.m. Art. 1 Abs. 1 GG?

- Voraussetzung: die Vernehmung des Zeugen würde wegen der Eigenart des Beweisthemas in den durch Art. 2 Abs. 1 i.V.m. Art. 1 Abs. 1 GG geschützten Bereich der privaten Lebensgestaltung des Einzelnen, insbesondere seine Intimsphäre eingreifen;

  konkrete und fallorientierte Abwägung zwischen den Belangen der Strafrechtspflege (wie konkrete Straftat, Höhe der Straferwartung, andere Aufklärungsmöglichkeiten u.a.) und den Geheimhaltungsinteressen muss festgestellt werden.

  Beachtung des Grundsatzes der Verhältnismäßigkeit

- Mangels genauerer Angaben im Sachverhalt keine sicheren Anhaltspunkte, dass durch Ihre Aussage der Bereich der privaten Lebensgestaltung von Johnny betroffen wäre; da er sogar ausdrücklich wünscht, dass Sie aussagen, ergibt die Abwägung, dass die Belange der Strafrechtspflege (angemessene Verfolgung der Vollrauschtat) einem Zeugnisverweigerungsrecht vorgehen.

Ergebnis: Sie dürfen das Zeugnis nicht verweigern.

Ausformulierte Lösung zur Klausur 2

1. Hat Johnny ein Recht, Gina einmal in der Woche zu sehen? (Bitte prüfen Sie hier ausschließlich Normen des BGB; gehen Sie davon aus, dass eine Anfechtung der Vaterschaft von Peter im Hinblick auf §§ 1600 Abs. 1 Nr. 2, Abs. 2, 4 BGB aussichtslos ist; die Anfechtung der Vaterschaft ist nicht zu prüfen)

Ein Umgangsrecht von Johnny nach § 1684 Abs. 1 BGB scheidet aus, da Johnny nicht der rechtliche Vater von Gina ist; keiner der Fälle der §§ 1592 f. BGB liegt vor.

Ein Umgangsrecht nach § 1685 Abs. 2 BGB scheidet ebenfalls aus, da Johnny keine enge Bezugsperson von Gina ist; Johnny hat bisher mit Gina überhaupt noch nicht in häuslicher Gemeinschaft zusammengelebt; er hat bisher keine tatsächliche Verantwortung für Gina getragen.

Möglicherweise hat Johnny ein Umgangsrecht nach § 1686a Abs. 1 Nr. 1 BGB. Die Vaterschaft eines anderen Mannes besteht; Peter ist nach § 1592 Nr. 1 BGB der rechtliche Vater des Kindes. Weiterhin müsste Johnny der leibliche Vater von Gina sein. Diese Voraussetzung wird im Verfahren geklärt; jedoch erfolgt eine derartige Untersuchung nicht, wenn von vornherein ausgeschlossen ist, dass die übrigen Voraussetzungen vorliegen.[65]

Erforderlich ist, dass Johnny ernsthaftes Interesse an Gina gezeigt hat. Ernsthaftes Interesse an dem Kind zeigt, wer sich nachhaltig um das Kind bemüht, z.B. das Kind zügig kennenlernen wird und zu erkennen gibt, dass er Verantwortung für das Kind übernehmen will.[66] Johnny hat sich bisher gar nicht um Gina bemüht; auch hat er ausdrücklich erklärt, dass es ihm gar nicht um den Umgang mit Gina gehe. Diese Voraussetzung liegt nicht vor, ein Umgangsrecht aus § 1686a Abs. 1 Nr. 1 BGB scheidet aus.

---

65 Vgl. dazu und insbesondere zur Frage der Prüfungsreihenfolge der Voraussetzungen um Rahmen des § 1686a BGB BVerfG Beschluss vom 19.11.2014 – 1 BvR 2843/14; Palandt/Götz, BGB, § 1686a Rn. 8 m.w.N.

66 Vgl. BT-Drs. 17/12163, S. 13; Palandt/Götz, BGB, § 1686a Rn 4.

Ergebnis: Johnny hat kein Recht, Gina einmal die Woche zu sehen.

2. Hat Elfriede ein Recht, Gina einmal in der Woche zu sehen?

Ein Umgangsrecht für Elfriede könnte sich aus § 1685 Abs. 1 BGB ergeben. Elfriede ist die Großmutter von Gina, sie hat nach dieser Vorschrift ein Umgangsrecht, wenn dies dem Wohl des Kindes dient.

Gemäß § 1626 Abs. 3 Satz 2 BGB gehört zum Wohl des Kindes der Umgang des Kindes mit anderen Personen, zu denen das Kind Bindungen besitzt, wenn ihre Aufrechterhaltung für seine Entwicklung förderlich ist. Angenommen wird, dass die Beziehungen zu den Großeltern in der Regel[67] förderlich sind, so dass ein Umgangsrecht von Elfriede grundsätzlich in Betracht kommt.

Zu bedenken ist aber der erhebliche Alkoholkonsum von Elfriede. Jedoch führt dies nicht von vorneherein etwa zu einem Ausschluss des Umgangsrechts, vielmehr lässt sich dies bei der Art und Weise des Umgangs berücksichtigen.[68] In Betracht kommt ein vorübergehender (von der Entwicklung des Alkoholkonsums von Elfriede abhängiger) begleiteter Umgang nach § 1685 Abs. 3 i.V.m. § 1684 Abs. 4 Sätze 3 und 4 BGB. Voraussetzung dafür ist, dass dies zum Wohl des Kindes erforderlich ist. Dies ist mit Blick auf die mit dem Alkoholkonsum verbundene Gefahren wie z.B. die Gefahr zu bejahen, dass Elfriede ihren Aufsichtspflichten nicht im gehörigen Maße nachkommt. Auch erscheinen ein vorübergehender begleiteter Umgang und die damit verbundene Einschränkung des Umgangsrechts nicht unverhältnismäßig.[69] Sie ist geeignet, den Umgang von Elfriede mit Gina zu ermöglichen. Mit Blick auf den Alkoholkonsum erscheint sie auch erforderlich. Insgesamt ist sie auch angemessen, wenn man die Einschränkung des Umgangsrechts und die damit abgewendeten Gefahren miteinander vergleicht.

Dass Elfriede Gina einmal die Woche sehen kann, erscheint angemessen, jedoch ist die konkrete Kontaktzeit abhängig vom Wochenplan von Marga, Peter und Gina und ist mit ihnen abzustimmen.

Ergebnis: Elfriede hat ein Recht, Gina zu sehen, und zwar im Rahmen des begleiteten Umgangs sowie nach Absprache mit Peter, Marga und Gina einmal in der Woche.

67 Vgl. PWW-Ziegler, BGB, § 1685 Rn. 7.

68 Vgl. dazu allgemein Münch/Komm/Hennemann, BGB, § 1684 Rn. 69 m.w.N.; Palandt/Götz, BGB, § 1684 Rn. 24 ff.

69 Zu den Voraussetzungen des Grundsatzes der Verhältnismäßigkeit vgl. Schnapp in: von Münch/Kunig, GG, Art. 20 Rn. 44.

3. *Dürfen Sie die Aussage verweigern? (Vorschriften des SGB I und SGB X sind n i c h t zu prüfen)*

In Betracht kommt ein Zeugnisverweigerungsrecht nach § 53 Abs. 1 Nr. 3b StPO.[70] Danach haben Berater für Fragen der Betäubungsmittelabhängigkeit in einer Beratungsstelle, die eine Behörde anerkannt hat, über das, was ihnen in dieser Eigenschaft anvertraut worden oder bekanntgeworden ist, das Recht, das Zeugnis zu verweigern.

Sie sind BeraterIn für Fragen der Betäubungsmittelabhängigkeit in einer staatlich anerkannten Suchtberatungsstelle des Münchener Caritas e.V und damit einer Beratungsstelle, die eine Behörde anerkannt hat. Demzufolge haben Sie zunächst im Grundsatz ein Recht, das Zeugnis über das, was Ihnen in dieser Eigenschaft anvertraut oder bekanntgeworden ist, zu verweigern. Zu beachten ist jedoch, dass die in § 53 Abs. 1 Nr. 3 b StPO genannten Personen das Zeugnis nicht verweigern dürfen, wenn sie von der Verpflichtung zur Verschwiegenheit entbunden sind. Da Johnny Sie rechtswirksam von der Verpflichtung zur Verschwiegenheit entbunden hat, haben Sie kein Zeugnisverweigerungsrecht nach § 53 Abs. 1 Nr. 3b StPO.

Ein Zeugnisverweigerungsrecht im Hinblick darauf, dass Sie als SozialarbeiterIn tätig sind, existiert nicht, denn die Berufsgruppe der SozialarbeiterInnen ist im Katalog des § 53 Abs. 1 Nr. 3b StPO nicht enthalten.[71] Ein Zeugnisverweigerungsrecht steht Ihnen auch nicht aus dem Gesichtspunkt der (fehlenden) Aussagegenehmigung des § 54 Abs. 1 StPO zu, weil sie als Mitarbeiterin der Münchener Caritas e.V. möglicherweise eine Person des öffentlichen Dienstes i.S.d. § 54 Abs. 1 StPO sind.[72] Denn die Aussagegenehmigung des Leiters der Suchtberatungsstelle liegt vor.

In Betracht kommt schließlich ein Zeugnisverweigerungsrecht gestützt unmittelbar auf Art. 2 Abs. 1, 1 Abs. 1 GG. Nach der Rechtsprechung des Bundesverfassungsgerichts[73] kann ein Zeugnisverweigerungsrecht direkt aus diesen Vorschriften der Verfassung geltend gemacht werden, wenn die Vernehmung des Zeugen wegen der Eigenart des Beweisthemas in den durch Art. 2 Abs. 1, 1 Abs. 1 GG geschützten Bereich der privaten Lebensgestaltung des Einzelnen, insbe-

70 Vgl. dazu allgemein Meyer-Goßner/Schmitt, StPO, § 53 Rn. 22.

71 Vgl. dazu BVerfG, Beschluss vom 19.7.1972, 2 BvL 7/71, BVerfGE 33, 367, NJW 1972, 2214; Meyer-Goßner/Schmitt, StPO, § 53 Rn. 3.

72 Vgl. dazu allgemein Meyer-Goßner/Schmitt, StPO, § 54 Rn. 10.

73 Vgl. BVerfG, Beschluss v. 19.7.1972, 2 BvL 7/71, NJW 1972, 2214; BVerfG, Beschluss v. 31.5.1988, 2 BvR 367/88, NJW 1988, 2945; vgl. auch Meyer-Goßner/Schmitt, StPO, § 53 Rn. 2 m.w.N.

sondere seine Intimsphäre eingreifen würde. Nötig ist eine konkrete und einzelfallbezogene Abwägung zwischen den Belangen der Strafrechtspflege (welche Straftat muss aufgeklärt werden, Höhe der Straferwartung, andere Aufklärungsmöglichkeiten u.a.) und den Geheimhaltungsinteressen des Aussagenden unter Beachtung des Grundsatzes der Verhältnismäßigkeit.

Es bestehen keine ausreichenden Anhaltspunkte dafür, dass durch Ihre Aussage der Bereich der privaten Lebensgestaltung von Johnny betroffen wäre. Zudem möchte er ausdrücklich, dass Sie aussagen. Insofern ergibt die konkrete und einzelfallbezogene Abwägung, dass die Belange der Strafrechtspflege Vorrang haben und ein Zeugnisverweigerungsrecht aus Art. 2 Abs. 1 i.V.m. Art. 1 Abs. 1 GG ausscheidet.

Ergebnis: In Ermangelung eines Zeugnisverweigerungsrechtes dürfen Sie das Zeugnis nicht verweigern.

Klausur 3: „Anja abknallen und Gefahr durch drogenabhängigen Karl"

1. Anja, 30 Jahre alt, Verkäuferin und zurzeit arbeitslos, und Peter, 40 Jahre alt und Suchttherapeut, sind nicht verheiratet. Sie lebten seit 8 Jahren zusammen und vor 10 Jahren wurde Anja Mutter von Lena, die in die 4. Klasse der nahe gelegenen Grundschule geht. Peter erkannte die Vaterschaft an und beide gaben rechtswirksam Sorgeerklärungen ab. Vor einem Jahr lernte Peter auf einer Karnevalsfete die 18-jährige Michelle kennen und lieben und zog drei Tage später aus der gemeinsamen Wohnung mit Anja und Lena aus und bei Michelle ein. Michelle ist schwanger und erwartet in einem halben Jahr Nachwuchs. Anja, die Peter „unsterblich liebte und noch immer liebt", stürzte sich seit Peters Auszug in die „Online-Welt". Sie liebte schon immer Computerspiele und sitzt seit diesem Zeitpunkt mit wenigen Unterbrechungen pausenlos vor ihrem Computer und spielt Computerspiele (insbesondere solche, in denen Gewaltszenen (Schießereien, „Abknallen von unliebsamen Personen") überwiegen, „rauf und runter" (jeden Tag mindestens 12 Stunden, teilweise mehr). Lena, die ihren Vater einmal in der Woche sieht, liebt auch die Computerspiele der Mutter. „Da Mutter nicht alleine sein dürfe", setzt sie sich nach der Schule an ihren Computer und spielt seit etwa einem halben Jahr mindestens 8 Stunden jeden Tag ähnliche Spiele wie ihre Mutter. Manchmal spielen beide via Internet gegeneinander und versuchen, sich wechselseitig abzuschießen. Lenas Leistungen in der Schule sind seitdem massiv abgefallen. Beim letzten Elternsprechtag ist Anja nicht erschienen (sie musste Computerspiele spielen); schriftlich wurde von der Klassenlehrerin mitgeteilt, dass Anjas Versetzung erheblich gefährdet ist und dass sie nahezu keine Hausarbeiten mehr mache und ständig unkonzentriert sei. In einem Gespräch mit Lena, die den Brief mitbekommen hatte, erklärte Anja, darum müsse man sich nicht kümmern; dies sei nur dummes Geschwätz von Lehrern, die sowieso von Computerspielen keine Ahnung hätten. Lena müsse dafür sorgen, dass sie im Spielen von Computerspielen noch besser werde, nur dann komme sie im Leben „groß raus".

Als Lena zum dritten Mal nicht bei Peter erschien und dies am Telefon damit erklärte, dass sie Computer spielen müsse, wandte sich Peter an Sie, die Sie den Masterstudiengang Suchthilfe an der KatHO NRW erfolgreich absolviert haben und in einer Suchtberatungsstelle für suchtbelastete Familien (Schwerpunkt: Online-Sucht) arbeiten, die auch Leistungen nach dem SGB VIII erbringt, und schilderte ihnen die gesamte Geschichte von Anja und Lena. Er meinte, „da Anja süchtig sei, habe er doch wohl nun das Sorgerecht über Lena." Sie stellen sich nun folgende Fragen:

a) Wer hat das Sorgerecht über Lena?

b) Mit Blick auf mögliche Maßnahmen nach §§ 8a SGB VIII, 1666 Abs. 1 BGB: Liegen gewichtige Anhaltspunkte für eine Kindeswohlgefährdung in Bezug auf Lena vor? (Hinweis: Ausführungen zu konkreten Maßnahmen nach §§ 8a SGB VIII, 1666 Abs. 1 BGB sind n i c h t zu machen.)

2. Karin arbeitet als Beraterin für Suchtfragen in der S-Klinik GmbH für Drogenabhängige (= Beratungsstelle im Sinne des § 203 Abs. 1 Nr. 4 StGB). Im Rahmen einer Entwöhnungsbehandlung beriet sie den 35-jährigen Karl. Bei der Aufnahme in die Klinik brauchte er keine Erklärung zum Thema Schweigepflichtsentbindung zu unterschreiben. Karl ist wegen schwerer Körperverletzung mehrfach vorbestraft. Aktuell ist er wegen Straftaten nach dem BtMG sowie schwerer Körperverletzung zu einer Freiheitsstrafe von 2 Jahren verurteilt worden und die Vollstreckung der Strafe wurde nach § 35 BtMG im Hinblick auf die Behandlung in der Klinik zurückgestellt. Während der Beratung äußerte er Karin gegenüber, „dass Gewalttaten für ihn kein Problem darstellen würden und immer wieder vorkommen könnten". Nach 2 Monaten in der Klinik verabschiedete sich Karl bei Karin mit den Worten: „Ich breche die Behandlung ab. Das war's, der nächste, der mir über den Weg läuft, ist dran" – und verließ Hals über Kopf die Klinik. Karin hält Karl für gefährlich und fragt:

Darf sie unmittelbar nach dem letzten Gespräch mit Karl der Polizei gegenüber nähere Einzelheiten zu Aussagen von Karl und insbesondere zu den Umständen unmittelbar vor Karls Verlassen der Klinik anzeigen? (Vorschriften des BGB, GG, SGB I und SGB X sind n i c h t zu prüfen; auf § 323c StGB bzw. die Problematik der Garantenstellung sowie § 138 StGB ist ebenfalls n i c h t einzugehen.)

(Hinweis: Begründen Sie Ihre Antworten an Hand der einschlägigen Vorschriften. Gehen Sie bitte davon aus, dass alle Angaben im Sachverhalt zutreffen, etwaige weitere Ermittlungen ergeben keine neuen Erkenntnisse.)

Gliederung zur Klausurlösung 3

Themengebiete: Sorgerecht, gewichtige Anhaltspunkte für eine Kindeswohlgefährdung, Schweigepflicht

1 a) Wer hat das Sorgerecht über Lena?

§§ 1626 Abs. 1, 1626a Abs. 1 Nr. 1 BGB

- Anja und Peter – Eltern von Lena (§§ 1591, 1592 Nr. 2 BGB), nicht verheiratet, haben aber rechtswirksame Sorgeerklärungen abgegeben, § 1626a Abs. 1 Nr. 1 BGB, also gemeinsames Sorgerecht.
- Die Trennung verändert daran nichts, auch die möglicherweise vorliegende Online-Sucht von Anja führt nicht automatisch zu einer Veränderung des Sorgerechts, Entscheidung des Familienrechts nach § 1666 BGB (-).

Ergebnis: Anja und Peter haben gemeinsam das Sorgerecht über Lena.

1 b) Mit Blick auf etwaige Maßnahmen nach §§ 8a SGB VIII, 1666 BGB: Liegen gewichtige Anhaltspunkte für eine Kindeswohlgefährdung in Bezug auf Lena vor?

Gewichtige Anhaltspunkte für die Gefährdung des Wohls eines Kindes oder Jugendlichen?

Gewichtige Anhaltspunkte dafür: liegen vor, wenn konkrete Hinweise auf eine Kindeswohlgefährdung oder auf Tatsachen vorliegen, die eine solche Kindeswohlgefährdung auslösen können.

Kindeswohlgefährdung (+), sofern eine gegenwärtige Gefahr in einem solchen Maße besteht, dass sich bei ungehinderten weiterem Verlauf bei der weiteren Entwicklung des Kindes eine erhebliche (schwere, massive) Schädigung des körperlichen, seelischen oder geistigen Wohls mit ziemlicher Sicherheit voraussehen lässt.

- Diskussion:

  – mindestens 8 Stunden Konsum von Computerspielen – mögliche Gefahr für das körperliche, geistige und seelische Wohl des Kindes (Konzentrationsschwächen, kein Ausgleich, keine gesunde Entwicklung, soziale Kontakte werden beeinträchtigt, schulische Leistungen sind massiv abgefallen); bei weiterem ungehinderten Fortgang könnte eine massive Schädigung ihres Wohls eintreten (keine ihrer Person angemessenen Berufsaussichten, erhebliche körperliche und seelische Schäden).

  – Ferner die Mutter – uneinsichtig, lehnt jegliche Kooperation ab.

– Diese Fakten sind geeignet, eine Kindeswohlgefährdung auszulösen.

Ergebnis: Gewichtige Anhaltspunkte für eine Kindeswohlgefährdung von Lena i.S.d. §§ 8a SGB VIII, 1666 BGB liegen vor.

2. Darf Karin unmittelbar nach dem letzten Gespräch mit Karl der Polizei gegenüber nähere Einzelheiten zu Aussagen von Karl und insbesondere zu den Umständen unmittelbar vor Karls Verlassen der Klinik anzeigen? (Vorschriften des BGB, GG, SGB I und SGB X sind n i c h t zu prüfen; auf § 323c StGB bzw. die Problematik der Garantenstellung sowie § 138 StGB ist ebenfalls n i c h t einzugehen)

Anzeige (Weitergabe der Informationen) nicht erlaubt, wenn die Voraussetzungen des § 203 Abs. 1 Nr. 4 StGB (d.h. für die daraus resultierende Schweigepflicht) vorliegen. Informationen – fremdes (Karls) Geheimnis, welches Karin als Beraterin für Suchtfragen in einer Beratungsstelle im Sinne des § 203 Abs. 1 Nr. 4 StGB anvertraut worden ist. Wäre Offenbarung (= Anzeige) unbefugt? – dann nicht, wenn eine Erlaubnisnorm (eine Dürfensnorm vorliegt.

- Einwilligung des Betroffenen? Liegt nicht vor.
- § 35 Abs. 4 BtMG
  - Die Vollstreckung der Freiheitsstrafe wurde gemäß § 35 BtMG im Hinblick auf die in der Klinik absolvierte Behandlung zurückgestellt.
  - Mitteilung der Informationen an Polizei – nur wenn Vollstreckungsbehörde i.S.v. § 35 Abs. 4 BtMG – kann dahinstehen, wenn Mitteilung ohnehin nicht möglich über diese Vorschrift.
  - Problem: Erlaubt § 35 Abs. 4 BtMG nur die Mitteilung über den Abbruch oder auch weitere Einzelheiten?
  - Erste Meinung: Erlaubt ist nur die Mitteilung über den Abbruch, jedoch nicht über weitere Einzelheiten, Begründung: eindeutiger Wortlaut der Vorschrift
  - Zweite Meinung: Erlaubt ist auch die Mitteilung weiterer Einzelheiten. Begründung: Sinn und Zweck der Vorschrift, nur so wird die Vollstreckungsbehörde effektiv in die Lage versetzt zu prüfen, ob die Voraussetzungen für den Widerruf der Zurückstellung der Strafvollstreckung gemäß § 35 Abs. 5 BtMG vorliegen.
  - Im Hinblick auf den Wortlaut des § 35 Abs. 4 BtMG ist der ersten Meinung der Vorzug zu geben, damit § 35 Abs. 4 BtMG (-).
- § 34 StGB
  - Gegenwärtige nicht anders abwendbare Gefahr für den Leib, dann (+), wenn Eintritt des Schadens nahe liegend ist – hier (+), sofern man den Aussagen von Karl uneingeschränkt Glauben schenkt, welches vertretbar erscheint. Aus den Aussagen von Karl und seinem Vorleben lässt sich die Prognose stellen, dass hier die Gefahr eines Schadenseintritts durch Karl wahrscheinlich, d.h. nahe liegend ist.

- Nicht anders abwendbar, keiner weiß bisher von dem Abbruch und der Gefahrensituation, nur durch die Anzeige von Karin kann die Gefahrenlage möglicherweise abgewendet werden.
- Abwägung der widerstreitenden Interessen (Interesse von Karl an Nichtweitergabe von Informationen versus Gefahr für Leib): fällt hier zugunsten der Abwendung der drohenden Gefahr für den Leib aus.

Ergebnis: Die Voraussetzungen des § 203 Abs. 1 Nr. 4 StGB liegen nicht vor, Karin darf die näheren Einzelheiten der Polizei im Hinblick auf die Gefahrenlage nach § 34 StGB anzeigen.

Ausformulierte Lösung zur Klausur 3

1. Wer hat das Sorgerecht über Lena?

Das Sorgerecht über Lena könnten Anja und Peter nach §§ 1626 Abs. 1, 1626a Abs. 1 Nr. 1 BGB haben. Anja und Peter sind die Eltern von Lena gemäß §§ 1591, 1592 Nr. 2 BGB, Peter hat die Vaterschaft von Lena anerkannt. Sie haben ferner rechtswirksame Sorgeerklärungen abgegeben, so dass die Voraussetzungen von §§ 1626 Abs. 1, 1626a Abs. 1 Nr. 1 BGB erfüllt sind.

Die Trennung von Anja und Peter führt nicht zu einer Veränderung der Rechtslage, auch die möglicherweise vorliegende Online-Sucht von Anja und die damit vielleicht verbundene Kindeswohlgefährdung von Lena ändert daran nichts; eine Entscheidung des zuständigen Familiengerichts nach § 1666 Abs. 1 BGB liegt dazu nicht vor.

Ergebnis: Anja und Peter haben gemeinsam das Sorgerecht über Lena.

1b) Mit Blick auf etwaige Maßnahmen nach §§ 8a SGB VIII, 1666 BGB: Liegen gewichtige Anhaltspunkte für eine Kindeswohlgefährdung in Bezug auf Lena vor?

Gewichtige Anhaltspunkte für eine Kindeswohlgefährdung liegen vor, wenn konkrete Hinweise auf eine solche Gefahr oder auf Tatsachen vorliegen, die eine derartige Kindeswohlgefährdung auslösen können.[74] Eine Kindeswohlgefährdung von Lena würde vorliegen, wenn eine gegenwärtige Gefahr in der Weise bestünde, dass sich bei weiterem ungehindertem Verlauf hinsichtlich der zukünftigen Entwicklung von Lena eine erhebliche, massive Schädigung ihres körperlichen geistigen oder seelischen Wohls mit ziemlicher Sicherheit voraussehen lassen würde.[75]

74 Vgl. dazu Wiesner, SGB VIII, § 8a Rn. 14.

75 Vgl. dazu oben Fußnote 25.

Zu berücksichtigen ist, dass Lena mit Billigung und Unterstützung ihrer Mutter seit einem halben Jahr mindestens 8 Stunden Computerspiele, insbesondere solche, in denen Gewaltszenen (Schießereien, „Abknallen von unliebsamen Personen“) überwiegen, spielt. Dieser Umfang von Computerkonsum ist für ein 10-jähriges Mädchen nicht passend; nicht auszuschließen ist, dass die bereits vorliegenden Fakten des massiven Leistungsabfalls in der Schule verbunden mit der Versetzungsgefährdung und den Schwierigkeiten bei der Konzentration auf diesen zeitlich erheblichen Computerkonsum zurückzuführen sind. Dies könnte zu einer schweren Schädigung des geistigen Wohls von Lena führen; nicht ausgeschlossen ist, dass sie zukünftig die Schulausbildung insgesamt abbrechen muss und nur noch nicht ihrer Person entsprechende beruflich geringere Chancen haben wird. Auch die Gefährdung ihres körperlichen Wohls kommt in Betracht, denn bei diesem hohen Computerkonsum hat sie keinerlei körperlichen Ausgleich mehr, welches zu erheblichen Gesundheitsproblemen führen kann. Zudem ist ihr seelisches Wohl betroffen, denn der Inhalt der Spiele, vor allem das Abknallen von unliebsamen Personen bis hin zum virtuellen Abschießen der eigenen Mutter, ist geeignet, ihr seelisches Gleichgewicht zu stören und bei weiterem ungehinderten Fortgang massiv zu schädigen. Hinzu kommt, dass sich die Mutter hinsichtlich dieser Situation völlig uneinsichtig zeigt. Aufgrund dieser Faktenlage kann insgesamt eine Kindeswohlgefährdung im o.a. Sinne ausgelöst werden.

Ergebnis: Gewichtige Anhaltspunkte für eine Kindeswohlgefährdung von Lena i.S.d. §§ 8a SGB VIII, 1666 Abs. 1 BGB liegen vor.

2. *Darf Karin unmittelbar nach dem letzten Gespräch mit Karl der Polizei gegenüber nähere Einzelheiten zu Aussagen von Karl und insbesondere zu den Umständen unmittelbar vor Karls Verlassen der Klinik anzeigen? (Vorschriften des BGB, GG, SGB I und SGB X sind n i c h t zu prüfen; auf § 323c StGB bzw. die Problematik der Garantenstellung sowie § 138 StGB ist ebenfalls nicht einzugehen.)*

Karin dürfte die Informationen über die näheren Einzelheiten zu Aussagen von Karl und insbesondere zu den Umständen unmittelbar vor Karls Verlassen der Klinik nicht anzeigen, d.h. nicht weitergeben, wenn die Voraussetzungen des § 203 Abs. 1 Nr. 4 StGB vorliegen. Bei den Informationen handelt es sich um ein fremdes (d.h. Karls) Geheimnis, sie sind nur einem beschränkten Personenkreis bekannt. Dies ist ihr als Beraterin für Suchtfragen in einer Beratungsstelle im Sinne von § 203 Abs. 1 Nr. 4 StGB von Karl anvertraut worden. Fraglich ist, ob das Offenbaren (Weitergeben) unbefugt wäre. Dies wäre nicht der Fall, wenn Karin dazu berechtigt ist, ihr eine Erlaubnisnorm zur Seite steht.

Eine Einwilligung von Karl dazu liegt nicht vor, insofern scheidet dies als Erlaubnisgrund aus. In Betracht kommt die Informationsweitergabe nach § 35 Abs. 4 BtMG. Die Vollstreckung der Freiheitsstrafe wurde gemäß § 35 Abs. 1 BtMG im Hinblick auf die von Karl in der Klink absolvierte Behandlung zurückgestellt, fraglich ist aber bereits, ob die in § 35 Abs. 4 BtMG vorgesehene Mitteilung überhaupt an die Polizei ergehen darf. Dies würde voraussetzen, dass die Polizei in diesem Zusammenhang als Vollstreckungsbehörde[76] angesehen werden könnte.

Die Klärung dieser Frage kann aber dahinstehen, wenn § 35 Abs. 4 BtMG ohnehin die Weitergabe der genannten Informationen nicht ermöglicht. Umstritten ist, ob im Rahmen von § 35 Abs. 4 BtMG lediglich der Abbruch oder auch die Hintergrundinformationen mitgeteilt werden dürfen. Eine Meinung[77] verneint Letzteres. Zur Begründung wird vor allem der Wortlaut der Vorschrift angeführt, in dem nur von Abbruch die Rede ist. Auch sei für die Entscheidung der Vollstreckungsbehörde ohne Bedeutung, warum die Behandlung abgebrochen worden sei.

Die Gegenmeinung[78] hingegen bejaht die Weitergabe auch von Hintergrundinformationen mit der Begründung, dass die Staatsanwaltschaft nur bei Kenntnis der Hintergrundinformationen zum Abbruch in der Lage sei zu überprüfen, ob der Widerruf der Strafvollstreckung nach § 35 Abs. 5 BtMG erfolgen müsse. Insofern erfordere der Sinn und Zweck des § 35 Abs. 4 BtMG i.V.m. § 35 Abs. 5 BtMG auch die Weitergabe sonstiger Informationen.

Letztere Meinung vermag nicht zu überzeugen, da der Wortlaut der Vorschrift lediglich von „Abbruch“ spricht. Die Gegenmeinung erfordert eine anderweitige Entscheidung des Gesetzgebers, der die Formulierung jedoch trotz Kenntnis der Problematik nicht geändert hat. Daher scheidet § 35 Abs. 4 BtMG als Erlaubnisnorm aus.

Zu prüfen bleibt, ob § 34 StGB als Rechtfertigungsnorm für Karin in Betracht kommt. Voraussetzung ist zunächst eine gegenwärtige, nicht anders abwendbare Gefahr für eines der in § 34 StGB genannten Rechtsgüter. Eine Gefahr liegt vor, wenn aufgrund tatsächlicher Umstände die Wahrscheinlichkeit des Eintritts eines schädigenden Ereignisses besteht,[79] gegenwärtig ist die Gefahr, wenn bei natürlicher Weiterentwicklung der Dinge der Eintritt eines Schadens sicher

---

76 Strafvollstreckungsbehörde ist die Staatsanwaltschaft, vgl. § 451 Abs. 1 StPO.

77 Vgl. Eberth/Müller, Betäubungsmittelrecht, § 35 Rn. 87, 93; wohl auch Joachimski/Haumer, BtMG, § 35 Rn. 31 ff.; Franke/Wienroeder, BtMG, § 35 Rn. 15; vgl. auch BT-Drs. 8/4407, S. 4, 5, in dieser (Vor-)Fassung des Gesetzes ist neben dem Abbruch noch von „Erfolglosigkeit des Abbruchs die Rede“, diese Formulierung ist in der späteren Gesetzesfassung gerade nicht mehr enthalten.

78 Patzak in: Körner/Patzak/Volkmer, BtMG, § 35 Rn. 424 ff. m.w.N; Weber, BtMG, § 35 Rn. 244 ff.

79 Vgl. Fischer, StGB, § 34 Rn. 4; Schönke/Schröder/Perron, StGB, § 34 Rn. 12.

oder höchstwahrscheinlich ist.[80] Sofern man den Aussagen von Karl („der nächste, der mir über den Weg läuft, ist dran") uneingeschränkt Glauben schenkt, liegt eine gegenwärtige Gefahr für den Leib eines anderen Menschen vor. Aus dieser Aussage und dem Vorleben von Karl, der wegen schwerer Körperverletzung mehrfach vorbestraft ist, ist die Gefahr eines bevorstehenden Schadeneintritts wahrscheinlich, d.h. nahe liegend. Die Gefahr ist auch nicht anders abwendbar,[81] denn keiner außer Karin weiß bisher von dem Abbruch und der Gefahrensituation, nur durch die Anzeige von Karin kann die Gefahrenlage möglicherweise abgewendet werden.

Schließlich ist Voraussetzung, dass bei Abwägung der widerstreitenden Interessen das geschützte Interesse das Beeinträchtigte wesentlich überwiegt. Das geschützte Interesse der gefährdeten Person an Wahrung ihrer körperlichen Integrität überwiegt das beeinträchtigte Interesse von Karl an Nichtweitergabe der ihn betreffenden Informationen[82] erheblich, so dass die Abwägung zugunsten der Abwendung der drohenden Gefahr für den Leib ausfällt..

Ergebnis: Die Voraussetzungen des § 203 Abs. 1 Nr. 4 StGB liegen nicht vor. Karin darf die näheren Einzelheiten im Hinblick auf die durch Karls Verhalten entstandene Gefahrenlage der Polizei nach § 34 StGB anzeigen.

80 Vgl. Fischer StGB, § 34 Rn. 7; Schönke /Schröder/Perron, StGB, § 34 Rn. 17.

81 Vgl. dazu allgemein: Fischer, StGB, § 34 Rn. 9; Schönke/Schröder/Perron, § 34 Rn. 18.

82 Betroffen ist das Recht auf informationelle Selbstbestimmung; grundlegend dazu BVerfG Urteil v. 15.12.1983, 1 BvR 209/83, NJW 1984, 419.

Klausur 4: „Verkehrsunfall im Suff und 6 Gramm Cannabis"

1. Mario ist an einer Alkoholabhängigkeit erkrankt. Er kommt zu Ihnen, der/die Sie den Masterstudiengang Suchthilfe der KatHO NRW am Standort Berlin erfolgreich absolviert haben und als SuchtberaterIn tätig sind, in die Beratungsstelle in Berlin. Er berichtet Ihnen, dass er vor einem Jahr „im Suff" einen Verkehrsunfall verursacht habe. Das strafrechtliche Ermittlungsverfahren laufe noch und der Staatsanwalt habe angedeutet, „das Ganze laufe auf § 21 StGB hinaus". Bei dem Unfall wurde eine junge Familie schwer getroffen: Inge, eine alleinerziehende Mutter (der Vater ihrer Kinder ist unbekannt), und ihre 6-jährige Tochter überlebten schwer verletzt; ihr 2-jähriger Sohn wurde getötet. Inge ist bisher mit dem Schicksalsschlag nicht fertig geworden und leidet seitdem an Medikamenten- und Alkoholsucht. Sie stellen sich folgende Fragen:

a) Welche Konsequenzen können sich aus der Anwendung des § 21 StGB im Strafverfahren im Zusammenhang mit dem Verkehrsunfall ergeben (Die Entziehung der Fahrerlaubnis nach §§ 61 Nr. 5, 69 ff. StGB ist nicht zu prüfen)?

b) Inge hat bisher die alleinige Sorge für ihre Tochter (§ 1626a Abs. 3 BGB). Führt die unfallbedingte Medikamenten- und Alkoholsucht zu einer Änderung beim Sorgerecht?

2. Kevin ist 15 Jahre alt und konsumiert seit einem halben Jahr Cannabis. Er kam ebenfalls zu Ihnen in die Suchtberatungsstelle und berichtete, er sei auf der Straße das erste Mal erwischt worden, als er von einem Kumpel ca. 6 Gramm Cannabis gekauft habe. Die Polizei habe eine „Anzeige geschrieben". Sie überlegen:

Ist das Verhalten von Kevin strafbar und muss Kevin mit einer Bestrafung rechnen?

(Hinweis: Begründen Sie Ihre Antworten an Hand der einschlägigen Vorschriften. Gehen Sie bitte davon aus, dass alle Angaben im Sachverhalt zutreffen, etwaige weitere Ermittlungen ergeben keine neuen Erkenntnisse.)

Gliederung zur Klausurlösung 4

Themengebiete: Verminderte Schuldfähigkeit und Sucht, Sorgerecht und Sucht, Bestrafung nach BtMG

1a) Welche Konsequenzen können sich aus der Anwendung des § 21 StGB im Strafverfahren im Zusammenhang mit dem Verkehrsunfall ergeben (Die Entziehung der Fahrerlaubnis nach §§ 61 Nr. 5, 69 ff. StGB ist nicht zu prüfen)?

§ 21 StGB – Bestrafung des Täters, kann aber zu einer Strafmilderung nach § 49 Abs. 1 StGB führen

Maßregelvollzug nach § 63 StGB? – Unterbringung in einem psychiatrischen Krankenhaus

- Möglich, wenn die Voraussetzungen vorliegen:
  - Tat begangen im Zustand der verminderten Schuldfähigkeit
  - Gesamtwürdigung des Täters und der Tat ergibt, dass von ihm infolge seines Zustandes erhebliche rechtswidrige Taten zu erwarten sind und
  - er deshalb für die Allgemeinheit gefährlich ist.
  - Grundsatz der Verhältnismäßigkeit muss gewahrt sein.
- Aufgrund der insoweit unvollständigen Angaben im Sachverhalt kann jedoch nicht abschließend geklärt werden, ob diese Maßregel in Betracht kommt.

Maßregelvollzug nach § 64 StGB?- Unterbringung in einer Entziehungsanstalt

- Möglich, wenn die Voraussetzungen vorliegen:
  - Hang, alkoholische Getränke im Übermaß zu sich zu nehmen
  - Verurteilung wegen einer Tat, die auf den Hang zurückgeht.
  - Besteht die Gefahr, dass infolge des Hanges erhebliche rechtswidrige Taten begangen werden?
  - hinreichende (u.a. Heilungs-) Aussicht im Sinne von § 64 Satz 2 StGB
  - Grundsatz der Verhältnismäßigkeit muss gewahrt sein, § 62 StGB.
- Aufgrund der insoweit unvollständigen Angaben im Sachverhalt kann nicht abschließend geklärt werden, ob Maßregelverzug nach § 64 StGB in Betracht kommt.

Ergebnis: Konsequenz der Anwendung des § 21 StGB ist zum einen eine fakultative Milderung der Strafe und zum anderen möglicherweise Maßregelvollzug nach § 63 oder § 64 StGB, welches sich nach dem Sachverhalt nicht abschließend klären lässt.

1b) Führt die unfallbedingte Medikamenten- und Alkoholsucht zu einer Änderung beim Sorgerecht?

Unfallbedingte Medikamenten- und Alkoholsucht führt nicht automatisch zu einer Änderung beim Sorgerecht (zurzeit alleiniges Sorgerecht nach §§ 1626 Abs. 1, 1626a Abs. 3 BGB bei Inge). Für eine dafür nötige Entscheidung durch das zuständige Familiengericht nach § 1666 BGB ist erforderlich, dass dessen Voraussetzungen vorliegen:

- Gefährdung des Kindeswohls (körperlich, geistig, seelisch)
- Eine Kindeswohlgefährdung liegt vor, wenn eine gegenwärtige Gefahr in einem solchen Maße besteht, dass bei weiterem ungehinderten Verlauf mit einer massiven, nicht mehr tragbaren Schädigung des Kindes mit ziemlicher Sicherheit gerechnet werden muss.
  - Hier Frage des Einzelfalls (Diskussion), Suchterkrankung führt nicht zwangsläufig zur Kindeswohlgefährdung, andererseits ist es nicht unwahrscheinlich, dass suchtbedingtes Verhalten das Wohl des Kindes vernachlässigt.
  - Zudem erforderlich, dass Eltern nicht gewillt oder in der Lage sind, die Gefahr abzuwenden.
  - Ebenfalls Frage des Einzelfalls, hängt davon ab, wie Inge sich verhält.

Ergebnis: Sofern die Voraussetzungen vorliegen, hat das Familiengericht die zur Abwendung der Gefahr erforderlichen Maßnahmen zu treffen: dies kann auch eine Veränderung beim Sorgerecht bedeuten.

2. Ist das Verhalten von Kevin strafbar und muss Kevin mit einer Bestrafung rechnen?

Strafbar (+), § 29 Abs. 1 Nr. 1 BtMG

Aber: §§ 29 Abs. 5, 31a BtMG

- § 29a Abs. 5 BtMG – Bestrafung (-) – Ermessen des Gerichts, wenn sich die Tat auf Betäubungsmittel lediglich zum Eigenverbrauch in geringer Menge bezieht.

  § 31a BtMG Staatsanwaltschaft (Ermessen) Absehen von der Verfolgung, wenn die Schuld des Täters als gering anzusehen wäre, kein öffentliches Interesse an der Strafverfolgung besteht und der Täter die Betäubungsmittel lediglich zum Eigenverbrauch in geringer Menge erwirbt.
  - „Geringe Menge“: Erlasslage in Berlin: bis zu 10-15 Gramm Cannabis

- Ermessensausübung durch Gericht/Staatsanwaltschaft: Kevin – das erste Mal erwischt: Absehen von Bestrafung (bzw. Absehen von Verfolgung und damit zwangsläufig verbundene Nichtbestrafung) – ermessensfehlerfreie Entscheidung

Ergebnis: Das Verhalten von Kevin ist strafbar, aber Kevin muss wohl nicht mit einer Bestrafung rechnen.

Ausformulierte Lösung zur Klausur 4

1. Welche Konsequenzen können sich aus der Anwendung des § 21 StGB im Strafverfahren im Zusammenhang mit dem Verkehrsunfall ergeben (Die Entziehung der Fahrerlaubnis nach §§ 62 Nr. 5, 69 ff. StGB ist nicht zu prüfen)?

Wenn § 21 StGB zur Anwendung kommt, führt dies zunächst zu einer Bestrafung des Täters, jedoch kann die Strafe nach § 49 Abs. 1 StGB gemildert werden. Diese Entscheidung liegt aber im pflichtgemäßen Ermessen des Gerichts.

Im Hinblick auf das Vorliegen von verminderter Schuldfähigkeit kommen jedoch ferner Maßregeln der Besserung und Sicherung nach §§ 62 ff. StGB in Betracht. Zu denken ist zunächst an die Unterbringung in einem psychiatrischen Krankenhaus nach § 63 StGB.[83] Voraussetzungen dafür sind neben der im Zustand der verminderten Schuldfähigkeit gemäß § 21 StGB begangenen Tat, dass die Gesamtwürdigung des Täters und seiner Tat ergibt, dass von ihm infolge seines Zustandes erhebliche rechtswidrige Taten zu erwarten sind und er deshalb für die Allgemeinheit gefährlich ist. Hinzu kommen muss, dass gemäß § 62 StGB der Grundsatz der Verhältnismäßigkeit in der Weise gewahrt wird, dass die Maßregel zur Bedeutung der vom Täter begangenen und zu erwartenden Taten sowie zu dem Grad der von ihm ausgehenden Gefahr nicht außer Verhältnis steht. In Ermangelung ausreichender Angaben im Sachverhalt u.a. zur Person von Mario, dem Grad der von ihm ausgehenden Gefahr kann die Frage, ob die Voraussetzungen des § 63 StGB vorliegen, nicht abschließend beantwortet werden.

In Betracht kommt ferner Maßregelvollzug in Form der Unterbringung in eine Entziehungsanstalt gemäß § 64 StGB.[84] Voraussetzung dafür ist, dass Mario einen Hang hat, alkoholische Getränke im Übermaß zu sich zu nehmen. Ferner müsste er wegen einer rechtswidrigen Tat verurteilt worden sein, die auf ihren Hang zurückgeht und es muss die Gefahr bestehen, dass er infolge des Hanges

83 Vgl. dazu allgemein: Fischer, StGB, § 63 Rn. 2 ff., Schönke/Schröder/Stree/Kinzig, StGB, § 63 Rn. 3 ff.

84 Vgl. dazu allgemein Fischer, StGB, § 64 Rn. 3 ff.; Schönke/Schröder/Stree/Kinzig, StGB, § 64 Rn. 3 ff.

erhebliche rechtswidrige Taten begehen wird. Zudem ist gemäß § 64 Satz 2 StGB Voraussetzung, dass eine hinreichend konkrete Aussicht besteht, dass Mario durch die Behandlung in der Entziehungsanstalt geheilt oder über eine erhebliche Zeit vor dem Rückfall in den Hang bewahrt und von der Begehung erheblicher rechtswidriger Taten abgehalten wird, die auf seinen Hang zurückgehen. Auch hier muss der Grundsatz der Verhältnismäßigkeit in dem o.a. Sinne gewahrt bleiben. Es fehlen ausreichende Angaben im Sachverhalt u.a. zur Gefahr, die möglicherweise von Mario ausgeht, und zu den in § 64 Satz 2 StGB genannten Aussichten, daher kann ebenfalls nicht abschließend geklärt werden, ob die Voraussetzungen des § 64 StGB vorliegen.

Ergebnis: Folge der Anwendung des § 21 StGB ist zum einen die fakultative Milderung der Strafe und zum anderen möglicherweise Maßregelvollzug nach § 63 StGB oder § 64 StGB, welches jedoch nicht abschließend entschieden werden kann.

1b) Führt die unfallbedingte Medikamenten- und Alkoholsucht zu einer Änderung beim Sorgerecht?

Die unfallbedingte Medikamenten- und Alkoholsucht führt nicht automatisch zu einer Änderung beim Sorgerecht, welches zurzeit die alleinerziehende Inge nach §§ 1626, 1626a Abs. 3 BGB allein innehat. Nötig dafür wäre eine Entscheidung durch das zuständige Familiengericht, welches ggf. eine Änderung des Sorgerechts bewirken würde, wenn die Voraussetzungen des § 1666 Abs. 1 BGB vorlägen.

Voraussetzung ist zunächst eine Kindeswohlgefährdung im Sinne der Vorschrift. Diese liegt vor, wenn eine gegenwärtige Gefahr in einem solchen Maße besteht, dass bei weiterem ungehinderten Verlauf mit einer massiven, nicht mehr tragbaren Schädigung des körperlichen, geistigen oder seelischen Wohls des Kindes mit ziemlicher Sicherheit gerechnet werden muss.[85] Hierbei sind alle Umstände des jeweiligen Einzelfalls zu berücksichtigen. Die bei Inge vorliegende Suchterkrankung führt nicht zwangsläufig zur Kindeswohlgefährdung im oben dargelegten Sinne. Jedoch ist es nicht unwahrscheinlich, dass suchtbedingtes Verhalten das Wohl des Kindes vernachlässigt. Mangels weiterer Angaben im Sachverhalt lässt sich diese Frage nicht abschließend klären.

Zudem ist erforderlich, dass die Eltern gemäß § 1666 Abs. 1 BGB nicht gewillt oder in der Lage sind, die Gefahr abzuwenden. Auch dies ist im Einzelfall zu klären; vor allem kommt es darauf an, wie Inge sich weiter verhält, ob sie z.B.

85 Vgl. bereits oben Fußnote 25.

eine entsprechende Therapie zur Behandlung ihrer Erkrankung machen oder ob sie ggf. Hilfe annehmen wird. Auch hier lässt der Sachverhalt nötige Informationen vermissen, die Frage kann nicht abschließend geklärt werden.

Ergebnis: Änderungen beim Sorgerecht können erfolgen, wenn die Voraussetzungen des § 1666 Abs. 1 BGB vorliegen. Liegen sie vor, kann das Familiengericht Änderungen beim Sorgerecht veranlassen.

2. *Ist das Verhalten von Kevin strafbar und muss Kevin mit einer Bestrafung rechnen?*

Da Kevin in rechtwidriger und schuldhafter Weise gemäß § 29 Abs. 1 Nr. 1 BtMG Betäubungsmittel, d.h. Cannabis erworben hat, hat er sich strafbar gemacht.

Daran ändert auch nichts die Vorschrift des § 29 Abs. 5 BtMG, wonach das Gericht von einer Bestrafung absehen kann, wenn der Täter die Betäubungsmittel lediglich in geringer Menge zum Eigenverbrauch erwirbt. Entsprechendes gilt für die Vorschrift des § 31a Abs. 1 BtMG.

Fraglich bleibt, ob Kevin mit einer Bestrafung rechnen muss. Die Voraussetzungen des § 29 Abs. 5 BtMG liegen vor: Betäubungsmittel in geringer Menge[86] sind nach der Erlasslage im Bundesland Berlin[87] zurzeit bei Cannabis bis 10 bzw. 15 Gramm Cannabis anzunehmen; also hatte Kevin lediglich Betäubungsmittel zum Eigenverbrauch erworben.

Jedoch liegt die Frage des Absehens von der Bestrafung im Ermessen des Gerichts. Angesichts der Tatsache, dass Kevin das erste Mal strafrechtlich in Erscheinung getreten ist, erscheint das Absehen von der Bestrafung als eine ermessensfehlerfreie Entscheidung.[88] (Entsprechende Überlegungen gelten auch im Rahmen der Entscheidung der Staatsanwaltschaft nach § 31a Abs. 1 BtMG).

Ergebnis: Das Verhalten von Kevin ist strafbar, aber er muss wohl nicht mit einer Bestrafung rechnen.

---

86 Vgl. zu diesem unbestimmten Rechtsbegriff allgemein: Patzak in: Körner/Patzak/Volkmer, BtMG, § 29 Teil 29 Rn. 26 ff.; Weber, BtMG, § 29 Rn. 2068 ff.

87 Vgl. die Übersicht bei Patzak in: Körner/Patzak/Volkmer, BtMG, § 31a Rn. 43.

88 Vgl. zur Ermessensausübung im Rahmen des § 29 Abs. 5 BtMG allgemein Patzak in: Körner/Patzak/Volkmer, BtMG, § 29 Teil 29 Rn. 69 ff.

Literaturverzeichnis

Eberth, Alexander/Müller, Eckhart, Betäubungsmittelrecht, 1982, München: J. Schweitzer Verlag

Erman, Bürgerliches Gesetzbuch, 14. Auflage 2014, Köln: Verlag Dr. Schmidt (zitiert Ermann/Bearbeiter)

Fieseler, Gerhard/Herborth, Reinhard, Recht der Familie und Jugendhilfe, Arbeitsplatz Jugendamt/Sozialer Dienst, 7. Auflage 2010, Neuwied: Hermann Luchterhand Verlag

Fischer, Thomas, Strafgesetzbuch und Nebengesetze, Kommentar, 63. Auflage 2016, München: C.H. Beck

Franke, Ulrich/Wienroeder, Karl, Betäubungsmittelgesetz (BtMG), Kommentar, 3. Auflage 2008, Heidelberg: Verlag C.F.Müller

Jans, Karl-Wilhelm/Happe, Günter/Saurbier, Helmut/Maas, Udo, Kinder- und Jugendhilferecht mit Sozialgesetzbuch Allg. Teil (SGB I) sowie Sozialverwaltungsverfahren und Sozialdatenschutz (SGB X), Kommentar, (Loseblatt Lieferung 12/2006; 3. Auflage Stuttgart: W. Kohlhammer (zitiert: Bearbeiter in: Jans/Happe/Saurbier/Maas, KJHG)

Joachimski, Jupp/Haumer, Christine, Betäubungsmittelgesetz (BtMG), Kommentar, 7. Auflage 2002, Stuttgart: Richard Boorberg Verlag

Jox, Rolf, Fälle zum Familien- und Jugendrecht, Zehn Klausuren und ihre Lösungen, 3. Auflage 2014, Opladen: Verlag Barbara Budrich

Körner, Harald Hans/Patzak, Jörn/Volkmer, Mathias, Betäubungsmittelgesetz, Arzneimittelgesetz, Grundstoffüberwachungsgesetz, Kommentar, 8. Auflage 2016, München: C.H. Beck (zitiert Bearbeiter in: Körner/Patzak/Volkmer, BtMG)

Kunkel, Peter-Christian/Kepert, Jan/Pattar, Andreas Kurt, Sozialgesetzbuch VIII, Kinder- und Jugendhilfe, Lehr- und Praxiskommentar, 6. Auflage 2016, Baden-Baden: Nomos (zitiert Bearbeiter in: LPK-SGB VIII)

Meyer-Goßner, Lutz, Strafprozessordnung, Kommentar, 59. Auflage 2016, München: C.H. Beck (zitiert Meyer-Goßner/Bearbeiter)

Moskal, Erna/Foerster, Sibrand/Strätz, Rainer, Kinderbildungsgesetz- KiBiz Nordrhein-Westfalen, 2011, Stuttgart: Deutscher Gemeindeverlag

Münch, Ingo von/Kunig, Philip, Grundgesetz, Kommentar, 6. Auflage 2012, München: C.H. Beck (zitiert: Bearbeiter in: von Münch/Kunig, GG)

Münchener Kommentar zum Bürgerlichen Gesetzbuch, hrsg. von Säcker, Franz-Jürgen und Rixecker, Roland, Band 5 Schuldrecht Besonderer Teil III, §§ 705-853 Partnerschaftsgesellschaftsgesetz Produkthaftungsgesetz, 6. Auflage 2013, Band 8 Familienrecht II, §§ 1589 – 1921, SGB VIII, 6. Auflage 2013, München: C. H. Beck (zitiert: MünchKomm/Bearbeiter, BGB)

Münder, Johannes/Meysen, Thomas/Trenczek, Thomas, Frankfurter Kommentar SGB VIII: Kinder- und Jugendhilfe, 7. Auflage 2013, Baden-Baden: Nomos (zitiert Bearbeiter in: FK-SGB VIII)

Münder, Johannes/Wiesner, Reinhard/Meysen, Thomas, Kinder- und Jugendhilferecht, Handbuch, 2. Auflage 2011, Baden-Baden: Nomos (zitiert: Bearbeiter in: Münder/Wiesner, Handbuch)

Palandt, Otto, Bürgerliches Gesetzbuch, 75. Auflage 2016, München: C. H. Beck (zitiert Palandt/Bearbeiter, BGB)

Prütting, Hanns/Wegen, Gerhard/Weinreich, Gerd, BGB, 11. Auflage 2016, Köln: Luchterhand in: Wolters Kluwer Deutschland (zitiert: PWW-Bearbeiter, BGB)

Schellhorn, Walter/Fischer, Lothar/Mann, Horst/Schellhorn, Helmut/Kern, Christoph, SGB VIII, Kinder- und Jugendhilfe, Kommentar, 4. Auflage 2012, Köln: Luchterhand in Wolters Kluwer Deutschland (zitiert Bearbeiter in: Schellhorn/Fischer/Mann/Kern, SGB VIII)

Schönke, Adolf/Schröder, Horst, Strafgesetzbuch, Kommentar, 29. Auflage 2014, München: C.H. Beck (zitiert: Schönke/Schröder/Bearbeiter)

Weber, Klaus, Betäubungsmittelgesetz, Verordnungen zum BtMG, 4. Auflage 2013, München: C.H. Beck

Wiesner, Reinhard, SGB VIII Kinder- und Jugendhilfe, 5. Auflage 2015, München: C. H. Beck (zitiert Bearbeiter in: Wiesner, SGB VIII, oder (im Falle Bearbeiter = Wiesner) Wiesner, SGB VIII)

Stichwortverzeichnis